아우성
빨간책

여자 청소년 편

엄마와 딸이 함께 보는
성교육 Q&A

아우성 빨간책 : 여자 청소년 편
엄마와 딸이 함께 보는 성교육 Q&A

처음 펴낸 날 2018년 4월 9일
이번 펴낸 날 2023년 2월 17일

글 푸른아우성
감수 구성애
펴낸곳 올리브엠앤비
펴낸이 윤태일
기획 편집 권미나
디자인 윤은희
인쇄 진플러스

출판등록 제 22-2372호 (2003년 7월 14일)

주소 (07030) 서울시 동작구 사당로 164 607호
전화 02-3477-5129
팩스 02-599-5112
홈페이지 www.olivemnb.com

ISBN 978-89-90673-37-4(03330)

이 도서의 국립중앙도서관 출판예정도서목록(CIP)은 서지정보유통지원시스템 홈페이지(http://seoji.nl.go.kr)와 국가자료공동목록시스템(http://www.nl.go.kr/kolisnet)에서 이용하실 수 있습니다.(CIP제어번호: CIP2018009119)

엄마와 딸이
함께 보는
성교육 Q&A

앙우성 빨간책

여자 청소년 편

글 푸른아우성
감수 구성애

올리브 M&B

이 시대의 딸들을 위하여

우리는 성에 대한 새로운 변화에 어떠한 준비나 비전이 없습니다. 성폭력만 강조하고 비전이 없다면 성은 점점 어두워질 수밖에 없습니다. 시대적으로도 걸림돌이 너무나 많습니다. 우리가 성을 풍성하고 아름답게 풀어 가기 어렵지요. 하지만 어둠이 깊을수록 새벽은 가까워 옵니다. 위기가 기회입니다. 새 시대의 성을 맞이하기 위해 여자 청소년들은 무엇을 준비해야 할까요? 어떤 비전을 가질 수 있는지 함께 살펴봅시다.

첫 번째, 자기 몸을 공부하고 알려야 합니다. 여성 생식기를 속되게 부르는 '보지'는 보배로울 보(寶)에 연못 지(池)자를 씁니다. 말 그대로 '보배로운 연못'입니다. 여성 스스로 자신의 몸, 자궁, 질, 생리를 가치 있게 생각하고 이에 걸맞게 대접합시다. 자기 몸을 알아야 거짓말에 속지 않고, 다른 사람에게 알려 줄 수 있습니다.

두 번째, 관계 능력을 길러야 합니다. 관계 능력과 공감 능력, 직관이 리더들에게 중요한 덕목인 시대입니다. 이런 자질을 계발하고 활용하면 관계에서 상대방이 감정을 잘 표현할 수 있도록 돕고, 공감과 인격적인 교류를 바탕으로 성을 세워 갈 수 있습니다. 관계를 잃어 가고, 중독이 심해지고, 성과 관계를 분리하는 시대일수록 이런 리더십이 더욱 필요합니다. 새로운 세대인 여러분이 희망입니다.

세 번째는 쾌락의 영역입니다. 지금까지의 쾌락은 가짜였습니다. 인간을 소모시키며 발기 부전과 조루, 성 기능 불능을 낳았습니다. 이제는 사람을 살리는 새로운 쾌락으로 바뀌어야 합니다. 여성이 즐겁게 성관계할 때 건강까지 책임지는 쾌락이 완성됩니다. 여성의 쾌락에도 관심을 갖고, 클리토리스, 질과 자궁, 오르가즘 등 여성 쾌락의 잠재력을 발견합시다. 성기의 결합에만 주목하는 낮고 얇은 성이 아니라, 관계 속에서 지속적으로 깊고 풍성해지는 기쁨으로 향해 갑시다.

부모님들께서는 이런 관점을 가지고 빨간책에서 펼쳐질 아이들의 질문에 귀기울여 주시기 바랍니다. 우리 아이들의 성이 어디에 와 있으며 어디로 가야하는지 진단해 보시기 바랍니다. 부모와 교사, 정부가 함께 머리를 맞대어 힘을 모아야 어두운 성을 밝힐 수 있습니다. 무엇보다 이 책의 주인공이자, 미래 세대의 주인이 될 소녀들이 어디서도 묻기 힘들었던 고민의 답을 찾을 수있기를 바랍니다. 성의 세계에 대한 호기심으로 가득한 여러분들이 밝고 아름다운 성을 찾아가기를 응원합니다.

2018년 4월

사단법인 푸른아우성 대표 **구성애**

CONTENTS

아우성 빨간책
: 여자 청소년 편 - 엄마와 딸이 함께 보는 성교육 Q&A

함께 읽는 성 이야기

EPILOGUE **이 책을 읽는 여자 청소년들에게**
아우성 선생님들이 보내는 편지

ASKING

왼쪽 가슴이 오른쪽 가슴보다 더 커요. 비정상인가요?
병원에 가야 할까요? 산부인과로 가야 하나요?
가슴 크기를 똑같아지게 할 방법은 없나요? 지금 고1인데
조금 더 기다리면 크기가 비슷해질까요?

ANSWER

대부분의 여성은 양쪽 가슴 크기가 다릅니다.
크기는 물론 높이, 유두 모양 모두 달라요. 사람을 자세히 보면,
눈, 귀 손과 발 모두 조금씩 생긴 모양이 달라요. 가슴도 마찬가지예요.
다른 게 정상입니다. 사람마다 조금씩 다르지만
몸의 발달은 18세 정도면 완성되니까 조금만 더 기다려 보세요.
크고, 양쪽 모양이 똑같은 가슴만 아름다운 건 아닙니다.

KEYWORD
가슴/생리

세상에,
내가
왜 이러지?

1

세상에,
내가
왜 이러지?

왼쪽 오른쪽
가슴 크기가 달라요.

왼쪽 가슴이 오른쪽 가슴보다 더 커요. 비정상인가요?
병원에 가야 할까요? 산부인과로 가야 하나요?
가슴 크기를 똑같아지게 할 방법은 없나요? 지금 고1인데
조금 더 기다리면 크기가 비슷해질까요?

 ANSWER 100% 똑같은 가슴은
없습니다.

대부분의 여성은 양쪽 가슴 크기가 다릅니다. 크기는 물론 높이, 유두 모양
모두 달라요. 사람을 자세히 보면, 눈, 귀, 손과 발 모두 조금씩 생긴 모양
이 달라요. 가슴도 마찬가지예요. 다른 게 정상입니다. 사람마다 조금씩 다
르지만 몸의 발달은 18세 정도면 완성되니까 조금만 더 기다려 보세요. 크
고, 양쪽 모양이 똑같은 가슴만 아름다운 건 아닙니다. 모든 여성은 자신만
의 고유한 가슴 크기와 모양을 갖고 있답니다. 건강하고 튼튼한 가슴, 나만
의 독특한 개성에서 아름다움이 나옵니다. 나이를 먹으면서 가슴 모양도
조금씩 변하게 될 거고요. 양쪽 가슴이 똑같고 봉긋해야 한다는 생각은 상
품화된 기준일 수 있습니다. 이런 생각이 어디에서 왔는지, 왜 이런 가슴을

예쁘다고 여기는지 잘 생각해 보세요. TV, 광고? 아니면 음란물? 이런 매체들이 돈을 벌기 위해서 비현실적인 몸을 아름답다고 하고 있지 않은가요? 몸에 관심이 있고, 관찰력도 좋은 친구라서 이런 고민이 있었던 것 같아요. 무관심한 것보다 훨씬 좋습니다. 이렇게 잘 관찰해 두면 가슴에 진짜 문제가 생겼을 때 금방 눈치챌 수 있을 거예요. 앞으로도 지금처럼 관심을 가지고 가슴을 아껴 주기 바라요.

가슴이 커지는 방법을
알려 주세요.

이제 중1이 되는 여자입니다. 가슴이 너무 작은 것 같아서
걱정이에요. 친구들은 다 브래지어를 하는데
저는 아직도 런닝 브래지어를 입어요. 혹시라도 가슴이 더 안 크면
어떡하죠? 가슴을 만지면 커진다는 이야기를 들어서
밤마다 만져 봤는데도 큰 효과가 없습니다.
가슴이 큰 친구들은 가슴이 작았으면 좋겠다고 하는데
저는 큰 가슴이 좋아요. 가슴 커지는 방법 좀 알려 주세요.

 ANSWER | 이제
시작입니다.

다른 친구들하고 가슴이 자라는 속도가 달라서 걱정이 많군요. 가슴을 만
지면 커진다는 이야기를 듣고 직접 해 보기도 하고요. 가슴이 커질 수 있는
유일하고 가장 효과적인 방법을 알려 줄게요. 바로 기다리는 것입니다. 기
다리라고 하니 좀 기운 빠지죠? 보통 사춘기 신체 변화는 10세에서 16세
사이에 일어납니다. 친구는 이미 가슴도 조금 나왔다니 사춘기가 한창이
겠네요. 보통 18세 정도가 돼야 사춘기 몸 변화가 완성되기 때문에 14세라

면 이제 시작입니다. 조금만 더 있으면 커지지 말라고 해도 가슴이 자랄 거예요.

혹시 이런 고민을 엄마에게 말해 본 적이 있나요? 엄마는 사춘기 때 어땠는지 이야기를 들어 보면 여유를 가질 수 있을 거예요. 사람마다 몽우리가 잡히는 시기가 다르고, 가슴이 자라는 속도도 다르답니다. 가슴이 다 자라서 완성되는 나이도 달라요. 그러니까 지금 나이에 다른 친구들과 비교하는 것 자체가 말이 안 됩니다. 내 몸은 나한테 딱 맞는 속도로 자랄 거예요. 하지만 아무래도 다른 친구들과 자꾸 비교하게 되지요. 스스로 기준을 갖고 다른 사람들과 비교할 필요가 없다는 점을 기억해야 합니다. 큰 가슴이 아니라 건강한 가슴, 고유한 나만의 가슴이 아름답습니다. 가슴뿐만 아니라 내 몸이 건강하게 잘 자랄 수 있도록 골고루 먹고, 하루하루 자라는 몸의 변화를 즐겨 보세요.

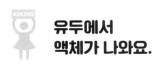

유두에서
액체가 나와요.

어제 유두 부분을 손으로 짜 봤는데
우유 빛깔의 액체가 나왔어요. 저는 성관계한 적도 없고,
자위한 적도 없는데 이게 무슨 일이죠. 너무 걱정스러워요.
유방암이나 다른 병에 걸린 건가요?

 ANSWER | 분비물의 정체!

성관계나 임신 여부와 상관없이 유두를 짜면 유두 분비물이 나올 수 있습니다. 이 분비물은 유선관을 씻어 내기 위해 우리 몸이 만들어 내는 액체입니다. 유선관은 젖을 젖꼭지로 옮겨 주는 관이라고 생각하면 이해하기 쉬울 거예요. 정상적인 분비물입니다. 단 분비물이 나온다고 해서 계속 짜 보거나 자극하지 않도록 주의하세요. 분비물 색은 노랗거나 하얗거나 연둣빛이 돌 수 있습니다. 유두 분비물은 대부분 정상입니다. 하지만 유두 분비물에 피가 섞여 있거나, 유방 안에 덩어리가 느껴진다면 바로 검사를 받아보세요.

'냉'이
뭐예요?

초등 6학년 여학생입니다.
요즘 화장실에 가서 팬티를 보면 약간 누런 투명한 액체가
묻어 있어요. 이게 뭐죠? 병원에 가야 하나요?

🎙 ANSWER | 생리대를
준비하세요.

갑자기 냉이 나와서 많이 놀랐겠네요. 님의 팬티에 묻은 분비물을 '냉'이라
고 한답니다. 정상적인 생리 현상입니다. 냉은 질에 있는 땀, 분비액, 노화
로 떨어져 나오는 질 벽 상피 세포, 자궁 경관 점액, 자궁 내막과 나팔관 분
비물, 질 안에 사는 세균 분비물 등으로 이루어져 있어요. 여성 호르몬인
에스트로겐 자극에 의해 분비되며, 질 안의 환경을 위해 산성도를 조절한
답니다. 우리에게 꼭 필요한 좋은 물질이에요. 보통 첫 생리를 하기 1~2년
전부터 나오는데 정상적인 냉은 뽀얀 빛을 띠며, 가려움이나 따가움을 유
발하지 않습니다. 밝은 노란색일 때도 있어요. 같은 사람이라도 한 달 동안
진행되는 호르몬 변화에 따라 질 분비물의 양과 질감이 달라져요. 냉이 나
온다는 것은 내 몸에 성호르몬이 많이 돌고, 자궁이 생리를 준비하고 있다

는 신호입니다. 이제 가방에 생리대를 하나 정도 챙겨 둡시다. 집에서 생리
대를 사용하는 방법도 연습해 보면 좋겠습니다.

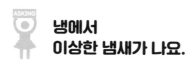

냉에서
이상한 냄새가 나요.

저는 중2 여학생입니다. 양이 많아진 건 아닌데
냉에서 이상한 냄새가 나요. 완전 톡 쏘는 냄새예요.
마른 오징어나 홍어 냄새 비슷해요.
인터넷으로 검색해 보니까 '질염'이라고 하는데
질염이면 병원에 가야 하는 건가요?
산부인과는 정말 가기 싫어요.

 ANSWER 병원을
방문합시다.

냉은 질을 깨끗하고 촉촉하게 유지하며, 감염을 예방해요. 몸 상태에 따라
색이나 농도는 다양하지만, 문제가 있을 때 나타나는 증상들을 알아 두어
야 합니다. 아래 다섯 가지 경우를 잘 기억해 두세요.

1. 이전과 다른 안 좋은 냄새가 난다.
2. 녹색, 회색, 고름 같은 색이 난다.
3. 거품이 난다.

4. 생식기가 가렵거나 붓고 빨개진다.

5. 피가 난다.

친구가 생각한 대로 질염일 수도 있고 다른 병일 수도 있어요. 정확한 원인을 알아야 그에 맞는 적절한 치료를 할 수 있습니다. 톡 쏘는 냄새가 날 정도면 병원에 가야 합니다. 싫어도 다른 방법이 없습니다. 적절한 치료를 받지 않으면 나팔관, 요도 등 다른 기관으로 문제가 옮겨 갈 수도 있어요. 진단만 받으면 약으로 쉽게 치료되는 경우가 많기 때문에 치료를 미룰 이유가 없습니다. 진료를 받지 않고 약국에서 파는 약을 복용하는 친구들도 많아요. 일시적으로 증상이 나아질 수 있지만 균이 완전히 치료되지 않을 수 있어요. 진짜 원인은 해결되지 않았는데 증상만 잠깐 나아지는 것처럼 보였다가 금방 재발할 수 있어요. 병원에서 꼭 검진을 받아 보세요.

산부인과라는 것에 너무 큰 의미를 부여하지 않았으면 좋겠어요. 눈이 아프면 안과, 배가 아프면 내과, 생식기가 아프면 산부인. 산부인과라는 이름 때문에 임신을 준비하는 사람이나 산모만 가는 곳 같지만 여성 건강을 책임지는 곳이에요. 이런 의미에서 산부인과가 아니라 여성 의학과로 명칭을 바꾸자는 논의도 진행되고 있답니다. 자신이 없으면 부모님이나 신뢰할 수 있는 어른, 친구들에게 부탁해서 같이 가는 것도 좋은 방법이에요. 소중한 내 몸을 위해서 용기를 냅시다.

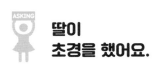

딸이
초경을 했어요.

요즘에는 초경 파티를 한다고 하던데
어떤 식으로 하면 좋을까요? 기본적인 생리대 사용법이나
대처법 말고 알려 줘야 할 것들이 있을까요?

 ANSWER 아는 것이
힘이다.

생리는 아이에서 소녀로, 성인으로 변해 가는 성적 존재의 상징입니다. 왜
생리가 시작되는지, 내 몸에서 어떤 일이 일어나는지 원리를 알면 걱정
도 줄고 당당해집니다. 자신의 변화를 두려워하지 않고, 성장으로 끌어안
을 수 있는 마음이 가장 중요합니다. 생리는 아이가 건강하게 자라고 있다
는 신호이며, 생명을 만들 수 있는 창조자라는 의미입니다. 생리는 여성에
게 일상이며 생활입니다. 귀찮고 불편할 수 있지만 생명을 만들 수 있는 능
력을 갖추게 되는 큰 기쁨이라는 것. 이 메시지가 초경 파티의 핵심입니다.
파티는 딸이 좋아하는 음식을 준비해, 가족끼리 모여서 즐겁게 식사하는
것으로도 충분합니다. 아이가 원하는 초경 파티를 물어보셔도 좋겠습니다.
파자마 파티를 좋아하는 아이들도 많아요. 순면 속옷이나 면 생리대, 유기

농 생리대, 성교육 책을 한 권 준비해 주시면 더 좋겠습니다. 생리에 관한 궁금증도 충분히 풀어 주세요. 엄마와 언니가 초경을 했던 이야기, 생리를 해 온 여성으로서의 경험을 진솔하게 알려 주시는 것이 가장 힘 있고 효과적인 성교육입니다.

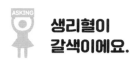

생리혈이
갈색이에요.

중학교 3학년 여학생입니다. 요즘 생리를 하는데
붉은 색이 아니라 갈색 피가 나와요.
무리하게 다이어트를 한 적도 없고, 정상 체중이에요.
스트레스도 없고요.
근데 왜 갑자기 이런 증상이 나타나는 건가요?
병원을 방문하는 것이 좋을까요?

 ANSWER | 시간이 부리는
마법

자기 몸을 잘 관찰하고 소중히 여기는 친구를 만났네요. 평소 생리 양이나
체중, 컨디션도 잘 체크하는 것 같고요. 작은 변화도 잘 잡아냈네요. 우선
생리혈이 갈색인 것은 일반적으로 정상적인 범위에 들어갑니다. 보통 갈
색 생리혈은 생리 첫날이나 끝나는 날 나옵니다. 첫째 날이나 마지막 날에
생리혈이 나오는 속도가 다른 때보다 느리기 때문이에요. 생리혈이 천천
히 나오면 산소와 만나는 시간이 길어지면서 갈색으로 변한답니다. 상처
가 났을 때 갈색 딱지가 생기는 것과 같은 원리예요. 하지만 생리 기간 내

내 갈색 생리혈이 나오거나, 생리 양이 줄면서도 계속된다면 병원에 방문하는 것도 좋을 것 같아요. 가벼운 마음으로요.

**탐폰을 사용해도
괜찮을까요?**

저는 중3 여학생이고 탐폰을 사용한 지는 두세 달쯤 됐습니다.
생리대를 쓰면 너무 따갑고 간지러워서 탐폰을 쓰고 있어요.
그런데 혹시 처녀막이랑 질이 늘어나고 소음순 모양이
이상해질까 봐 걱정이에요. 너무 불안해서 다시 생리대를 쓸까
생각도 했는데 잠깐 생리대 쓰는 것도 괴로워서 안 될 것 같아요.
그냥 느낌이 싫은 게 아니라 간지러워요.
탐폰은 사용법도 꼼꼼히 읽고 손 깨끗이 씻고 잘 사용하고 있어요.

 ANSWER 탐폰도
좋습니다.

탐폰을 써도 되지요. 처녀막이나 소음순 모양이 바뀔까 봐 걱정하는 거죠?
처녀막이라고 생각하면 어떤 막이 질 입구를 막고 있을 것 같지만, 처녀막
은 질 입구에 붙어 있는 조직일 뿐이에요. 막이 있다면 어떻게 생리가 나오
겠어요? 이제는 처녀막이라는 잘못된 표현이 아니라 질 주름 끝에 붙어 있
는 막, 즉 질막이라는 이름을 찾아 써야 합니다. 즉 탐폰 착용법에 따라 잘
사용한다면 생식기 모양에 큰 문제는 없을 거라고 생각해요. 많이 신경 쓰

인다면 가장 얇은 탐폰을 사용해 보세요.

다만 탐폰에도 생리대처럼 화학 물질이 들어가 있습니다. 특히 친구는 일반 생리대에서도 부작용이 있었기 때문에 탐폰을 고를 때도 꼼꼼히 따져 봐야 합니다. 순면 100%라는 말이 탐폰 전체가 순면 100%라는 걸 의미하지는 않으니 제품 설명서, 성분표를 잘 읽어 보세요. 운동을 하거나 수영을 하는 등 상황이나 일정에 맞게 부분적으로 탐폰을 사용하기를 추천합니다. 혈액에서는 균이 잘 자라거든요. 그래서 4시간 이하로 착용하기를 권해요. 이 내용을 더 자세히 알고 싶다면 팟캐스트에서 '강약중강약'을 검색해 보세요. 시즌1의 21편에서 의사와 약사 선생님이 탐폰을 왜 4시간 이하로 사용하는 게 좋은지 알기 쉽게 설명해 주셨어요. 생리 용품마다 장단점이 있기 때문에 비교해 보고 나의 생활 패턴, 컨디션, 활동 내용에 따라 골라 사용하세요. 다른 사람들이 남긴 후기를 참고하면 도움이 될 거예요.

생리대를 사용했을 때 왜 부작용이 있었는지도 짚고 넘어갈 필요가 있어요. 대부분의 생리대는 화학 섬유로 만들어지고, 생리대 아래쪽으로는 흡수제가 들어 있습니다. 흡수제는 수분을 빨아들이고 잡아 주는 역할을 합니다. 생리대를 오래 착용하면 필요한 수분까지 빨아들여 질 건조증을 유발할 수 있습니다. 화학 물질은 부작용을 일으키기도 합니다. 친구가 지금 이렇게 몸으로 직접 겪고 있고요. 한국에서 합법적으로 판매되는 생리대도 검사 항목에 들어 있지 않은 화학 물질들이 있기 때문에 문제가 없다고 단언할 수 없습니다. 생리대 업체들은 영업 비밀이라는 이유로 생리대에 들어 가는 모든 화학 물질 및 재료를 공개하지 않습니다. 몸에는 면 생리대가 제일 좋습니다. 편리하게 만들어진 것들도 많아요. 한번 찾아보세요. 이렇게 사람들이 건강한 제품을 찾아서 사용해야 기업도 사람과 자연에 도움이 되는 제품을 만들려고 노력할 거예요. 소비자로서 친구가 가진 힘을 지혜롭게 사용하세요.

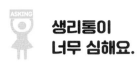

생리통이
너무 심해요.

여자라는 게 너무 싫어요.
생리할 때가 되면 아파서 아무것도 할 수가 없어요.
생리통은 정말 불치병인가요?

 ANSWER | 자궁이 보내는
SOS

통증은 몸이 나에게 보내는 신호입니다. 식습관을 바꾸고 자궁을 따뜻하게 하세요. 자궁에 문제가 생긴 것이 아니라 평소 체력이 약하거나 스트레스가 많은 경우에도 생리통이 심할 수 있습니다. 건강 상태를 차분히 진단해 보기 바랍니다. 병원에서 진료를 받고, 도움이 되는 약이 있을지 알아보세요. 가능성은 낮지만 혹시 자궁에 문제가 있는 것은 아닌지도 살펴보세요. 필요하면 진통제도 쓸 수 있습니다. 식단은 미역국, 콩나물국, 된장국등 한식으로 새로 꾸리고 서양식 식단, 밀가루 음식은 자제합시다. 어떤 생리 용품을 쓰고 있나요? 혹시 일회용 생리대를 쓰고 있다면 면 생리대로바꿔 보세요. 통증이 줄고, 냄새나 색깔이 좋게 변하는 경우도 많으니까요. 환경 호르몬 문제도 있습니다. 2006년 SBS에서 방영된 <환경 호르몬의

습격>에서 일상생활이 어려울 정도로 심각한 생리통과 환경 호르몬의 연관성을 보여 줬습니다. 다른 자궁 내 질환이 있는 분들도 있었고요. '생리통은 다 있는 거야. 어린데 무슨 산부인과야?'라는 생각을 바꾸세요. 다른 병 때문에 생리통이 있을 수 있습니다. 병원 진단도 받고, 식습관, 생활 속 환경 호르몬도 공부해서 적극적으로 대처합시다.

함께
읽는
성 이야기

 사춘기 발달 5단계

사춘기 발달은 크게 5단계로 나눌 수 있습니다. 이 5단계를 만든 영국 소아과 의사인 제임스 태너(James Tanner)[1]의 이름을 따서 태너 척도, 태너 5단계라고 부릅니다. 여자는 가슴 모양과 생식기, 겨드랑이에 난 털을 기준으로 발달 단계를 나눕니다. 태너 척도는 사춘기 발달 단계를 이해할 수 있는 유용한 자료지만 사람마다 차이가 클 수 있다는 점을 염두에 두고 보

---

1 Marshall WA, Tanner JM (June 1969). "Variations in pattern of pubertal changes in girls". Arch. Dis. Child. 44 (235): 291-303. PMC 2020314 Freely accessible. PMID 5785179.

시기 바랍니다. 영국왕립대학 자료[2]에 따르면 사춘기는 크게 3단계로 나눌 수 있습니다. 만 8세 이하는 사춘기 전 단계로 아동기입니다. 태너 척도 1단계에 해당됩니다. 만 8세~13세는 사춘기 중간 단계로 태너 2~3단계입니다. 사춘기가 완성되는 태너 4~5단계는 만 13세~16세가 됩니다. 즉 여자는 만 8세부터 사춘기 변화가 시작되어 만 16세쯤에는 몸이 다 자랍니다. 아래 각 발달 단계 설명을 보면서 나는 몇 단계인지 확인해 봅시다. 몸이 발달하는 과정을 <관찰하기> 란에다 적어 보세요. 날짜와 나이, 처음 발견했을 때의 상황과 기분을 함께 적어 보시기 바랍니다. 그 자체로 나만의 멋진 기록이자 역사입니다.

가슴 발달[3]

1단계 아동기 · 사춘기 이전 아동. 가슴은 나오지 않고 유두만 나온다.

2단계 가슴에 멍울이 생긴다. 유륜의 지름이 넓어진다. 평균 만 10.9세.
(범위: 만 8.9세~12.9세)

3단계 가슴과 유륜이 커지고, 가슴이 나온다. 평균 만 11.9세.
(범위: 만 9.9세~13.9세)

---

2 Royal College of Paediatrics Child Health. UK growth chart. Girls, 2-18 years, A4 (PDF, 200KB, 2 pages)

3 각 단계별 연령 기준 http://www.fpnotebook.com/Endo/Exam/FmlTnrStg.htm

4단계 유두가 더 발달하여 유륜과 구분된다. 평균 만 12.9세.
(범위: 만 10.5세~15.3세)

5단계 성숙기. 성인과 비슷한 크기, 모양이 된다. 유두는 그대로고 유륜은 유방과 같은 높이까지 낮아진다. 평균 만 16세.

나의 가슴 관찰하기

가슴이 발달하는 과정을 기록해 봅시다. 처음으로 유두와 가슴이 나오기 시작한 때와 상황, 감정을 자유롭게 적어 보세요.

1단계:

2단계:

3단계:

4단계:

5단계:

음모 발달 [4]

1단계 아동기·사춘기 이전 아동. 털이 짧고 가늘다. 색이 연해서 잘 보이지 않는다.

2단계 약간 길고 어두운 털이 난다. 일자이거나 구불구불한 털이 음순에 자란다. 평균 만 11.2세.
(범위: 만 9.0세~13.4세)

3단계 털의 색이 더 어두워지고, 굵어진다. 치골에 곱슬곱슬한 털이 나기 시작한다. 평균 만 11.9세.
(범위: 만 9.6세~14.1세)

4단계 성인과 거의 비슷한 모양의 음모가 나지만, 음모가 난 면적이 적다. 회음부에는 아직 털이 나지 않는다. 평균 만 12.6세.
(범위: 만 10.4세~14.8세)

5단계 성인처럼 불두덩에 털이 나서 역삼각형 모양으로 보인다.

---

4 각 단계별 연령 기준 http://www.fpnotebook.com/Endo/Exam/FmlTnrStg.htm

나의 생식기 관찰하기

생식기가 발달하는 과정을 기록해 봅시다. 생식기를 관찰한 내용과 감정을 자유롭게 적어 보세요. 바닥에 앉아서 거울에 비춰 보면 생식기를 잘 살펴볼 수 있습니다.

1단계:

2단계:

3단계:

4단계:

5단계:

ASKING

14세 여중생입니다. 제 처녀막이 막혀 있는 것 같아요.
이제 생리를 해야 되는데 처녀막을 미리 뚫어 줘야 생리혈이 나올 수 있잖아요.
거울로 봤는데도 처녀막이 안 보이거든요.
생리를 하는데 처녀막 때문에 못 나올까 봐 너무 걱정이에요.

ANSWER

처녀막은 질 입구를 완전히 막는 형태가 아닙니다.
'막'이라는 표현 때문에 이런 오해를 할 수 있지요. 기본적으로 질막은
질 입구를 막고 있는 것이 아니라 질 입구 모양을 따라 붙어 있어요.
냉 같은 질 분비물이 나온 적이 있다면 질 입구가 막혀 있지 않다고 볼 수 있어요.
아마 막혀 있는 모양을 찾아서 질막을 못 찾은 걸 거예요.
질 입구를 따라서 질막이 있는지 다시 한 번 관찰해 보세요.
많지는 않지만 정말 질 입구가 막혀 있는 경우도 있어요.

오, 나의
보배로운
연못

2

2

오, 나의
보배로운
연못

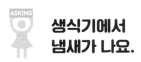

생식기에서
냄새가 나요.

저는 여고에 다니는 학생입니다.
매일 샤워를 하고 열심히 자주 씻는데도 늘 생식기에서
이상한 냄새가 나는 거 같아서 신경이 쓰입니다.
어떻게 해야 될까요?

 ANSWER 　　　　　　　　　원래
시큼한 냄새가 나요.

질은 산성이기 때문에 약간 냄새가 납니다. 약간 시큼한 정도라면 정상적인 범주이니 너무 걱정하지 마세요. 질은 자체적으로 청결을 유지하는 분비물을 만들어 냅니다. 너무 자주 씻으면 오히려 생식기에 필요한 세균까지 죽여서 나쁜 균에 감염될 수 있습니다. 생식기를 씻을 때는 비누나 세정제를 사용하지 마세요. 하루에 1~2번 질 입구와 음순을 미지근한 물로 가볍게 닦고 항문 주위만 비누로 닦아 주세요. 다 닦은 후에도 휴지나 수건으로 세게 문지르지 마시고, 물기만 제거한다는 느낌으로 가볍게 눌러 주면됩니다. 약간 시큼한 냄새가 아닌 악취가 나거나 분비물이 진한 갈색이라면 빨리 산부인과에 가서서 검진을 받아 보시기 바랍니다. 일상생활에서 생식기 관리를 할 필요가 있어요. 생식기에도 바람이 잘 통할 수 있도록 면 100% 속옷을 입어 주세요. 팬티스타킹이나 꼭 끼는 바지는 되도록 입지 않는 것이 좋습니다. 집에서는 긴 통치마를 입어 주는 것도 좋아요. 생리대는 면 생리대로 바꿔 보세요.

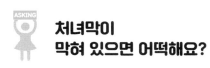

처녀막이
막혀 있으면 어떡해요?

14세 여중생입니다. 제가 처녀막이 막혀 있는 것 같아요.
이제 생리를 해야 되는데
처녀막을 미리 뚫어 줘야 생리혈이 나올 수 있잖아요.
제가 거울로 봤는데도 처녀막이 안 보이거든요.
생리를 하는데 처녀막 때문에 못 나올까 봐 너무 걱정이에요.

 ANSWER | '처녀막' 말고
'질막'

처녀막은 질 입구를 완전히 막는 형태가 아닙니다. '막'이라는 표현 때문에 이런 오해를 할 수 있지요. 기본적으로 질막은 질 입구를 막고 있는 것이 아니라 질 입구 모양을 따라 붙어 있어요. 냉 같은 질 분비물이 나온 적이 있다면 질 입구가 막혀 있지 않다고 볼 수 있어요. 아마 막혀 있는 모양을 찾아서 질막을 못 찾은 걸 거예요. 질 입구를 따라서 질막이 있는지 다시 한 번 관찰해 보세요. 많지는 않지만 정말 질 입구가 막혀 있는 경우도 있어요. 사춘기가 시작됐고, 한 달에 한 번 배가 극심하게 아픈데 생리는 하지 않는다면 병원에 가서 확인할 필요가 있어요. 이런 경우에는 치료를 통해서 해결할 수 있습니다. 이제 처녀막 말고 '질막'이라고 부릅시다. 질막이라는 표현이 실제 형태와도 더 잘 맞습니다. 처녀막에는 왜곡된 처녀막 중심의 순결관이 들어 있기 때문에 여자 친구들이 앞장서서 더 정확하고 좋은 표현을 찾아 써야 합니다.

소음순 수술을
하고 싶어요.

불편함을 느낄 만큼 소음순이 비대칭이에요.

보기에도 너무 안 예뻐요.

수술을 하고 싶은데 부모님께 어떻게 말해야 할지 모르겠어요.

수술할 때 부작용은 있는지 여쭤보고 싶습니다.

아직 산부인과 가기에는 용기가 나지 않아요.

 ANSWER | 진짜 이유를
찾아보세요.

소음순 때문에 부끄럽고 수술까지 하고 싶다는 말을 들으니 '걱정이 얼마
나 많았을까?' 하는 생각에 속상해지네요. 하나씩 같이 생각해 봅시다. 우
선, 소음순 절제술을 받고 싶은 첫 번째 이유가 '생활할 때 느끼는 불편감
을 없애고 싶어서', 두 번째로는 '예뻐 보이지 않아서'라고 하셨네요. 수술
부작용도 중요하지요. 차례차례 답변해 드리겠습니다.

사실 우리 몸에서 제일 모르고 있는 곳이 생식기일 거예요. 남의 생식기와
비교해 볼 기회도 없다 보니 자신의 생식기가 어떻게 생겼는지도 모르고

살 수 있어요. 여성 생식기는 정말로 아주 다양하게 생겼습니다. 흔히 교과서나 의학 서적, 병원 광고에서 나오는 정형화된 생식기 모양은 실제로는 거의 보기 어렵답니다. 대음순과 소음순의 크기나 색깔이 다 제각각이에요. 사람 얼굴처럼 다 다르게 생겼다고 보면 됩니다. 거의 모든 소음순이 비대칭이지만 불편하지 않은 경우가 대부분입니다. 불편감이 있다면 소음순이 아니라 다른 원인부터 먼저 살펴봐야 합니다. 언제, 어디서, 어떤 상황일 때 불편한가요? 가려움, 피부가 빨개짐, 과민한 감각 등 불편한 이유나 상황을 구체적으로 기록해 두면 진짜 이유를 찾는데도 도움이 될 거예요. 불편함을 줄이기 위해 다음 방법들을 시도해 보세요.

ㄱ. 넉넉한 하의와 속옷 입기

ㄴ. 100% 순면 속옷을 입는다.

ㄷ. 깨끗하고 따뜻한 물로 생식기를 씻는다.

ㄹ. 면 생리대 사용하기

두 번째로, 예쁘지 않아서 소음순 절제술을 받고 싶다고 하셨지요? 누구나 예쁘고 멋있어 보이고 싶은 마음이 있을 거예요. 사회에서 여성에게 외모가 더 중요한 것처럼 이야기되지요. 얼굴도 예뻐야 하고, 두상도 예뻐야 하고, 먹는 모습도, 말하는 모습도, 심지어 가슴이나 성기까지 예쁜 게 좋다, 예뻐지고 싶다는 욕망이 생길 수 있어요. 그러나 나의 몸은 나를 위해서 존재해요. 다른 사람에게 예뻐 보여야 하거나 관찰의 대상이 되어야 하는 것이 아닙니다. 더군다나 소음순은 그 자체로 훌륭한 성감대입니다. 윤활액을 분비하여 성교를 원활하게 합니다. 나의 건강과 쾌락을 위해 존재하는 곳이에요. 나를 위해 이렇게 많은 일들을 하고 있다니 기특하고 예뻐 보이지 않으세요?

100명의 여성이 있다면 100가지 소음순 모양이 있습니다. 성형외과가 발달한 나라를 중심으로 소음순 수술이 활성화되고, 대중적인 소음순 성형수술 광고가 청소년과 여성들의 심리에 미치는 영향에 관한 논의가 진행되고 있습니다. 이런 문제의식에서 출발한 다큐멘터리도 있고요. <The Great Wall of Vagina>이라는 제목인데요. 실제 여성들이 소음순 본을 뜨는 과정과 결과를 촬영한 내용이에요. 실제 여성들의 소음순 본을 보면 "와 정말 소음순 모양이 다양하구나.", "뭐가 정상이냐 아니냐는 기준을 세우는 것 자체가 어렵구나.", "내가 상상했던 모습과는 정말 다르다."는 생각이 드실 거예요.

예쁘지 않은 소음순은 없습니다. 그 기준도 없고요. 훌륭한 성감대인 소음순을 잘라 버릴 이유가 전혀 없습니다. 모든 수술이 그렇듯 소음순 수술도 부작용이 발생할 수 있고요. 소음순 절제술을 집도하는 의료진들은 부작용과 합병증 발생률을 낮게 보지만 더 많은 대상으로 장기간에 걸쳐 조사해야 합니다. 전문 의료인이 아니기 때문에 부작용이 발생할 가능성을 말씀드리기는 어렵지만 소음순 절제술을 포함한 성기 절제술은 감염, 멍, 변성 감각, 통증, 상처, 피부 결손, 음순의 재성장 등과 같은 합병증과 부작용이 있을 수 있습니다. 꼭 필요한 수술이 아닌데 이런 부작용을 감수할 필요가 있을까요?

정리해 보면 우선 생활 습관과 생식기 건강부터 점검해 봅시다. 여자의 소음순은 대부분 비대칭이고, 똑같은 모양은 하나도 없습니다. 예쁘게 볼지 말지는 오롯이 님의 선택입니다. 소음순은 훌륭한 성감대이기 때문에 잘라 낼 필요가 전혀 없습니다. 무엇보다 사람마다 생긴 모양이 다르다는 것을 이해하고 자신의 몸에 한없는 애정을 갖는 태도가 중요합니다. 님 스스로 자신감과 만족감을 갖는 것이 우선입니다. 소음순 모양은 개성으로 받아들여야 할 문제라고 생각해요.

자위를 해서
소음순이 커졌어요.

16세 여학생입니다.

저는 초등학교 6학년 때부터 야설이나 동성애 소설을 보며
자위를 했습니다. 중학교 1학년부터는 야동도 봤어요.
주로 음핵을 문지르는 방법을 쓰고요.
보통 일주일에 1~2번 10~20분씩 하고, 길게는 30분씩 할 때도
있습니다. 그러다 보니 중학교 1학년 때부터 소음순이
조금씩 늘어지는 것을 느꼈습니다. 오른쪽만 커지더라고요.
걱정돼서 인터넷에 찾아봤더니 '소음순 비대증'이라는 의견이
많더라고요. 수술하라는 사람도 있고
생식기가 다 자라지 않았으니까 하면 안 된다는 의견도 있고요.
무엇보다 수술하게 되면 부모님께 말씀드려야 하는데
도저히 말할 수가 없어요. 의사 선생님이 제 생식기를 보고
자위했다는 걸 알면 어떡해요? 엄마한테 말씀드릴 수도 있나요?
여름에는 습기가 쉽게 차고 불편한 느낌이 들어요.
어떻게 하면 좋을까요?

ANSWER | 소음순 수술은
필요 없다!

사춘기가 되면 소음순은 도톰해지고 커집니다. 보통 소음순이 거의 안 보일 정도로 짧을 거라고 생각하지만 실제로는 꽤 길답니다. 비대칭인 경우도 많아서 한쪽이 삐쭉해 보일 거예요. 소음순 모양은 사람마다 달라서 친구처럼 한쪽이 긴 사람도 있고, 약간 말려 들어간 사람도 있고, 닭 볏처럼 보이는 경우도 있어요. 예쁜 분홍색일 것 같지만 암갈색, 거무튀튀한 색이 정상이에요. 친구가 강하게 생식기를 자극하거나 오른쪽 소음순만 잡아당겨서 소음순 모양이 달라졌다고 보기 어렵습니다. 즉 친구가 자위를 하지 않았더라도 지금과 똑같은 모양일 것입니다. 자위는 생식기를 자극해서 쾌감을 느끼는 행동입니다. 그 자체로 건강한 성생활입니다. 음란물을 보지 않고 생식기에 상처가 날 정도로 힘을 가하지 않는다면 문제없습니다.

친구가 본 것처럼 인터넷이나 병원 사이트에서는 정상적인 소음순에도 '소음순 비대증'이라는 명칭을 붙여서 꼭 수술해야 하는 큰 병처럼 생각하게 만드는 경우가 있답니다. 정상적인 소음순 모양의 기준을 정할 수 없고, 정말로 소음순 수술이 필요한 경우는 거의 없다는 의견을 가진 의사들도 많습니다.

불편한 느낌이 들고 여름에는 습해지기도 한다고요? 맞지 않는 속옷이나 꽉 끼는 바지, 스타킹이 원인일 수 있습니다. 소음순 길이와는 상관없이 생식기는 촉촉하게 유지되는 게 정상입니다. 혹시 냉 같은 질 분비물 때문에 더 습한 느낌이 드는 건 아닐까요? 이런 사항들이 있는지 확인해 보시고 언제 불편한지 적어 두면 진짜 이유를 알 수 있을 거예요. 팬티도 순면 팬티로 바꿔 보고요. 팬티라이너 활용도 생각해 보세요. 물론 호르몬과 생리 주기에 따라서 분비물이 더 많은 시기일 수도 있어요. 두세 달 정도 생리 주기 달력에 이런 변화들을 기록해 보면 더 확실하게 알 수 있을 거예요.

불편한 느낌이 심해지고, 걱정이 줄지 않는다면 병원 검진을 받아 보세요. 다른 문제가 없는지 확인 차원에서 방문한다고 생각하면 좋을 것 같아요. 병원을 예약할 때 검사 방법, 질문할 내용, 검사받을 때 부모님이 같이 있어야 하는지 궁금한 건 다 물어보세요. 의사 선생님도 부모님이 함께 있으면 솔직하게 대답하기 어렵다는 걸 알고 있기 때문에 잘 도와 주실 거예요. 병원 사람들이 친구가 자위한 걸 알까 봐 걱정된다고 했죠? 제대로 된 병원이라면 사춘기 때 소음순이 커지거나 비대칭인 것이 정상이라는 사실을 알고 있습니다. 좋은 병원이라면 님을 몸에 관심이 있고 아낄 줄 아는 멋진 친구라고 생각할 거예요.

소음순 수술은
언제 해 주면 좋을까요?

아이가 소음순이 비대칭이고 한쪽이 늘어졌다고 싫어합니다.
씻어도 냄새가 난다고 불편해해요.
지금 중학생인데, 소음순 수술을 고등학교 지나서 해 주면
괜찮을까요?

 ANSWER | 소음순 비대칭은
정상입니다.

소음순은 면역 물질을 분비하고, 원래 산이 많아서 시큼한 냄새가 납니다.
사춘기가 되면 길어지고 색도 짙게 변합니다. 소음순 모양은 사람마다 모
두 다르고, 대부분 비대칭입니다. 일상생활에 불편함이 없다면 정상적인
범주입니다. 수술도 필요하지 않습니다.

문제는 이런 내용을 모르는 여자 청소년들이 인터넷과 음란물에서 잘못
된 정보를 얻고 있다는 사실입니다. 인터넷에서 소음순 비대칭을 검색하
면 바로 병원 광고 화면이 나옵니다. 병원 사이트에 들어가면 소음순 비대
칭 자가 진단 항목이 나오는데, 모든 여성이 한번쯤은 겪을 수 있는 증상입

니다. 기준도 애매모호해서 쉽게 비대증으로 결론 짓습니다. 완벽한 대칭인 소음순 사진을 정상적 소음순이라고 소개하기도 합니다. '남편이 소음순 모양을 싫어할 수 있다.'거나, '경험이 많은 여자처럼 보일 수 있다.'고 수술을 권유합니다. 푸른아우성 청소년 상담실에서 10대들이 사용한 단어를 봐도 산부인과에서 사용하는 전문 용어를 많이 볼 수 있습니다. 실제로 병원 사이트에서 소음순 비대칭 자가 진단을 해 봤다는 경우도 많습니다.

일부 병원의 마케팅뿐만 아니라 음란물도 정상적인 소음순을 문제로 만듭니다. 많은 청소년들이 포르노에서 본 여성과 자기 생식기를 비교합니다. 문제는 포르노 배우들이 생식기 성형을 한다는 사실입니다. 소음순을 분홍빛으로 변색시키고, 소음순을 잘라 내서 대칭으로 만들거나 거의 보이지 않을 정도로 제거합니다. 이런 상황에서 현실적인 생식기 모양과 기능을 알려 주지 않으면 청소년들은 자신의 생식기를 비정상이라고 생각할 수밖에 없습니다.

정리하면 부족한 성 지식, 일부 병원의 잘못된 마케팅 정책, 외모 지상주의, 음란물 등 다양한 요소가 정상적인 소음순을 병든 것으로 만들고 있습니다. 어머니께서 위 내용을 참고해 교육해 주시기 바랍니다. 진짜 생식기의 모양과 역할을 알면 당당해집니다. 잘못된 정보에 휘둘리지 않고 자기 몸을 지킬 수 있도록 교육해 주세요.

함께 읽는 성 이야기

 함께 읽는 **성** 이야기 소녀들과 함께 보고 싶은 책과 영화

BOOK

<시크릿 가족> 이충민 | 올리브M&B | 2014년

최신 성 이슈와 문화를 다루는 성교육 웹툰입니다. 만화로 구성되어 있어서 누구든지 재미있게 읽을 수 있습니다. 다양한 성 지식을 얻고, 다양한 사례를 접해 볼 수 있습니다. 본 도서는 15세 이상 청소년에게 추천할 수 있습니다. 하지만 사람마다 차이가 있기 때문에 책을 부모님께서 먼저 보시고 아이 수준에 맞는지 확인하시기 바랍니다.

<돌직구 성교육> 제인 폰다 | 예문사 | 2016년

사춘기 몸의 변화뿐만 아니라 감정, 문화, 관계 등 다양한 10대 이슈를 다루고 있습니다. 14세 이상 청소년에게 추천합니다. 하지만 사람마다 차이가 있기 때문에 책을 부모님께서 먼저 보시고 아이 수준에 맞는지 확인하시기 바랍니다.

<용서의 나라> 토르디스 엘바, 톰 스트레인저 | 책세상 | 2017년

"내가 예민한 걸까?", "이게 성폭력이라고?", "남자 친구가 다 좋은데 가끔 폭력적이야." 성폭력에 '데이트'란 말이 붙으면 성폭력이 남녀 간의 단순한 사랑싸움, 다른 사람이 개입할 수 없고, 그 관계의 주도자이자 결정자인 남자가 알아서 할 일로 생각하는 경우가 많습니다. 이제 우리는 데이트 폭력에서 데이트가 아니라 폭력에 방점을 찍어야 합니다. 특히 친밀한 관계에서 벌어지는 성폭력의 경우, 피해자는 자신에게도 책임이 있다고 생각하거나 작은 폭력에서 큰 폭력으로 이어지고 내성이 생기면서 도움을 청할 기회를 놓칠 수 있습니다. 여성 자신이 데이트 폭력을 당했을 때 빨리 인지하고 자신의 생각을 믿을 수 있어야 합니다. 주변 사람들과 사회가 자신을 이해하고 지지할 것이라는 믿음이 있을 때 도움을 청할 수 있습니다. 이 책은 고등학생 이상 청소년에게 추천합니다. 하지만 사람마다 차이가 있기 때문에 책을 부모님께서 먼저 보시고 아이 수준에 맞는지 확인하시기 바랍니다.

MOVIE

<피의 연대기> 김보람 감독 | 12세 관람가 | 2017년

생리에 대한 다양한 이슈를 풀어낸 영화입니다. 생리의 역사, 생리 용품, 최근 화제가 되고 있는 생리컵을 직접 사용해 본 감독의 생생한 후기까지 볼 수 있습니다. 지극히 개인적인 일로만 여겨졌던 생리. 우리는 혼자 고군분투하며 생리혈을 어떻게 해결할지를 고민해 왔습니다. 이제는 여성들이 생리 용품, 생리와 건강을 이야기하며 생리가 사회적으로 중요한 이슈로 떠올랐습니다. 이런 흐름 속에서 <피의 연대기>가 탄생했습니다.

<우리의 20세기> 마이크 밀스 감독 | 15세 관람가 | 2016년

때는 1970년대 미국 산타바바라. 나이, 직업, 배경이 다른 3명의 여성이 살아가는 이야기입니다. 일상과 관계 속에서 고민하고 자신의 길을 나아가는 이들을 보다 보면 내 주변의 누군가, 혹은 과거와 미래의 내가 떠오릅니다. 이들의 삶을 엿보며 여성의 사랑, 인생관, 성도 함께 볼 수 있는 흥미롭고 담백한 영화입니다.

<히든 피겨스> 데오도르 멜피 감독 | 12세 관람가 | 2016년

나사(NASA) 프로젝트에 '최초'로 참여한 흑인 여성 천재들의 이야기입니다. 1960년 미국에서 '흑인', '여성', '최초'라는 역사를 만들어 간 여성들의 감동 실화입니다. 자신의 능력과 재능을 증명하고, 사회적 억압 속에도 꿈을 포기하지 않은 여성들을 통해 우리는 더 많은 기회와 도전을 꿈꿀 수 있게 되었습니다. 여러분들은 어떤 이야기와 역사를 써 가고 있나요?

ASKING

고등학생 2학년 여자인데요. 1년 넘게 사귄 남자 친구와
몇 달 전부터 꽤 깊은 스킨십까지 나갔습니다.
남자 친구가 살짝 질에 손을 넣은 적도 있는데 그때 피가 났습니다.
진짜 쪼금이었고 지금은 괜찮아요. 저도 호기심에서 했지만 하고 나니
찝찝합니다. 아직 성인도 아니고 지금 남자 친구랑 결혼도 안 할 건데
이렇게까지 해도 되나 싶어요. 제가 더럽게 느껴져요.
제가 올바르지 못한 행동을 한 걸까요?

ANSWER

남녀노소에 상관없이 모든 인간은 성적인 존재입니다.
나이와 성별, 성격과 가치관에 따라 표현하는 모습이 모두 다르지요.
사춘기를 지나고 고등학교 2~3학년이 되면 내, 외부 생식기 등
몸이 거의 다 완성됩니다. 성관계 욕구도 있고 스킨십도 하고 싶죠.
이러한 욕구는 건강하고 정상적입니다.
다만 나의 상황과 준비 정도, 상대방과의 관계 등을 고려해서 선택하면 됩니다.

KEYWORD
자위 / 성관계 / 피임

성의
주인답게

3

3 성의
주인답게

여자가
자위를 하면 안 되나요?

여자가 자위를 하면 나쁜 건가요?
야한 장면을 보면 생식기가 붓는 느낌이 듭니다.
왜 그럴까요? 자위 부작용일까요?

 ANSWER | 자위,
잘 합시다.

여자 청소년도 얼마든지 자위를 할 수 있고 나쁜 것도 아닙니다. 여자도 성호르몬이 있고, 음핵이라는 훌륭한 성감대도 있습니다. 거기다 섬세한 마음도 있지요. 성을 더 알고 싶고, 자위할 때 좋은 느낌을 경험하고 싶은 마음은 너무나 당연한 일입니다. 문제는 각종 음란물과 연령에 맞지 않는 성적 콘텐츠, 랜덤 채팅 등 외부의 자극이나 타인의 유도로 자위를 시작하는 경우입니다. 강렬한 영상이나 이미지와 연결되면 성과 자위가 어두워집니다. 자위는 그 자체로 건강한 성생활이지만 산뜻하게 즐기기 위해서는 음란물을 꺼야 합니다.

음란물은 여성을 사람이 아닌 성적 욕구를 푸는 도구로 전락시키지요. 더

군다나 음란물에는 여성의 몸, 생식기 구조, 쾌락에 대한 이해 가 전혀 없습니다. 여성 생식기의 성적인 능력과 가능성이 얼마나 무한하고 위대한 지는 조금도 밝혀 주지 않습니다. 자위도 여성을 위한 자위가 아니라 남성들이 원하는, 남성들에게 쾌락을 주는 자극적인 자위를 묘사할 뿐입니다. 음란물을 보고 자극받아서 자위하는 패턴을 바꿉시다. 자위는 내 몸이 원할 때 하면 됩니다.

음란물을 보면 아랫배가 아파 오는 이유는 성적 흥분으로 인해 생식기와 자궁, 골반 쪽에 피가 모여들기 때문입니다. 시간이 어느 정도 지나면 몸이 이완되면서 좋은 느낌이 들고 편안해집니다. 여성도 성적 존재입니다. 자연스레 다가오는 몸의 느낌은 좋은 생각으로 받아들일 필요가 있습니다. 생명과 사랑은 물론, 성적인 쾌락에서도 참다운 주인공으로 당당히 서겠다는 적극적인 생각이 멋지고 세련된 자세입니다.

중학교 1학년 딸이
자위를 합니다.

몇 달 전 저희 딸아이가 자위를 하는 걸 알게 됐습니다.
청소해 주려고 아이 방에 들어갔는데 딱풀 뚜껑에 피가
묻어 있더라고요. 물감이나 다른 게 묻은 줄 알고 넘어갔는데
아무리 생각해도 풀을 질 안으로 집어넣은 것 같습니다.
피가 묻은 걸로 보아 상처가 났거나 생리 중에 한 것 같아요.
무작정 하지 말라는 건 좋은 방법이 아니라고 생각하지만
성인 용품을 사 주는 것도 좋은 방법이 아닌 것 같은데……
일단 질 안으로 물건을 집어넣지 말라고 해 둔 상태입니다.
작년에 일본 음란 만화를 보다가 걸린 적도 있습니다.
아이와 어떻게 이야기해야 할까요?

 ANSWER　　　　음핵 자위로
　　　　　　　　　　　　　방향을 잡아 주세요.

우선 자위하고 싶은 마음 자체는 인정해 주세요. 모든 인간은 성적인 존재
입니다. 그 자체로 건강하고 정상입니다. 일상생활에 지장이 없고, 생식기
를 날카로운 물건이나 더러운 손으로만 만지지 않으면 자위해도 괜찮습니

다. 혼자만의 시간과 공간을 확보해서 불안하지 않게, 죄책감 없이 자위하면 성욕도 적절히 해소하고 삶의 활력이 될 수 있습니다. 물론 지침도 필요합니다. 중1 때에는 질이 다 완성되지 않아서 잘 지켜 줘야 합니다. 질에는 물건을 넣지 않아야 합니다. 물건이 생각보다 날카로울 수도 있고, 잘 느껴지지 않는다고 무리하게 자극할 수 있습니다. 아직 질로 쾌감을 느끼기 어려운 나이입니다. 질 내 삽입보다는 음핵(클리토리스) 자위에 더 충실할 필요가 있습니다. 삽입 자위 말고 음핵 자위로 방향을 잡아 주세요. 음핵은 성적 쾌감만을 위한 조직으로 신경이 모여 있기 때문에 가벼운 자극에도 큰 기쁨을 줄 수 있습니다. 여자도 성감대를 잘 알고 느낄 수 있어야 합니다. 스스로 자기 몸이 어떤 즐거움을 주는지, 내가 뭘 좋아하는지 알아야 파트너에게 내 몸을 알려 주고 원하는 내용도 조율할 수 있지요. 내 성감대, 오르가즘의 원리도 모르고 성인다운 성, 건강하고 신나는 성생활을 할 수 있을까요?

음란물은 꺼야 합니다. 음란물을 보면서 자위를 하면 자칫 과하게 생식기를 자극할 수 있습니다. 폭력적인 내용도 많기 때문에 음란물을 보고 자위를 하면 죄책감이 생길 수밖에 없습니다. 자위를 하더라도 음란물은 꺼야합니다. 이렇게 큰 방향을 잡아 주시고 성적 호기심과 궁금증을 풀어 주시기 바랍니다.

이게
압박 자위가 맞나요?

저는 초등학교 5~6학년 때쯤부터 베개를 다리 사이에 넣거나
다리를 꼬아서 자위를 했는데요.
진짜 삽입 자위는 절대 안 했고요. 자위는 2주일에 1번 정도밖에
안 했어요. 그래서 안전하게 자위하고 있다고 생각했는데
이게 압박 자위라는 걸 알게 됐어요.
압박 자위라는 걸 일찍 알았으면 안 했을 텐데.
너무 후회가 됩니다.

ANSWER | 여자 압박 자위는
없다.

압박 자위라는 말은 본래 남자 자위에서 나온 단어입니다. 남자들은 생식
기가 겉으로 나와 있고 자위를 할 때 엎드려서 자위하는 경우가 있습니다.
생식기에 체중을 다 싣는 만큼 무리가 되지요. 이렇게 무리가 될 정도로 강
한 자위, 특히 체중을 싣는 정도의 자위를 압박 자위라고 부르기 시작했습
니다. 이 단어가 만들어진 배경을 모르고, 압박 자위란 말을 여자들도 사용
하면서 많은 오해가 생겼습니다.

여자는 소음순 안쪽 속살 쪽에 스펀지 같은 해면체 조직이 있습니다. 아래 그림을 보면 음핵 귀두가 있고 두 갈래로 음핵 해면체가 갈라지는 게 보이죠? 분홍색 부분요. 거기가 해면체 조직이에요. 남자의 음경 안에도 이 해면체 조직이 있어요. 자위를 하려면 생식기에 자극을 줘야 하는데 여자 생식기 구조상 누르는 방법이 많지요. 자극의 정도가 아니라 누르는 방법 때문에 '압박'이라고 오해할 수 있습니다. 보통 여자 청소년들은 다리를 꼬거나, 베개를 다리 사이에 넣거나 손으로 만져서 자위하는 경우가 많은데, 이 정도는 무리한 자극이 아닙니다. 이렇게 생식기 구조도 다르고, 자위법도 다르기 때문에 오해가 생길 수 있습니다. 여자 청소년이 체중을 다 싣고, 생식기에 통증이나 상처가 날 정도의 자위를 할 때에 '압박 자위'라고 할 수 있지만 정확한 표현은 아닙니다. 더군다나 대부분의 여자들은 과하게 자극하지 않고, 섬세하고 안전하게 자위합니다. 앞으로는 여자의 성감대, 생식기, 자위에 맞는 새로운 언어가 필요합니다. '압박 자위'라는 말은 신경 쓰지 말고, '상처나 통증이 없을 정로도 과하게 하지 않는다.', '음란물이 아니라 내 몸 감각에 집중한다.' 이 두 가지만 기억하면 되겠습니다.

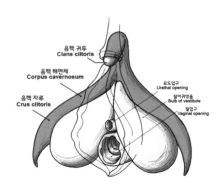

음핵 귀두
Clans clitoris

음핵 해면체
Corpus cavernosum

음핵 자루
Crus clitoris

요도입구
Urethal opening

질어귀망울
Bulb of vestibule

질입구
Vaginal opening

삽입 자위를
하고 싶어요.

여중생입니다.
클리토리스를 자극해 봤는데 잘 느껴지지가 않습니다.
그래서 삽입 자위를 하려고 하는데요.
안전하게 할 수 있는 방법을 알려 주세요.

 ANSWER | 클리토리스의
재발견

여성의 몸에서 가장 기본적이고 큰 기쁨을 줄 수 있는 성 기관은 클리토리스입니다. 두 소음순이 만나는 윗부분을 보면 클리토리스가 있습니다. 다른 역할은 없고 오직 여성의 성적 기쁨만을 위한 기관이지요. 섬세하기 때문에 세게 자극할 필요도 없습니다. 이 부분을 천천히 음미하면서 살살 자극해 보세요. 클리토리스는 자위 방법도 쉽고, 쾌락적으로 큰 기쁨을 줄 수 있습니다. 음핵을 덮고 있는 부분을 살짝 위로 들어서 자극해 보세요. 자위하는 시간이 좀 부족했을 수 있어요. 여성 소음순 안쪽 속살 쪽에 스폰지 모양의 해면체 조직이 있습니다. 성적으로 흥분하거나 자극을 받으면 이 부분에 피가 찼다가 빠지면서 쾌감을 느끼게 됩니다.

삽입 자위는 고2 이후에 시도하시길 추천합니다. 내부 생식기도 아직 미완성이고, 질 내 삽입으로 아직은 쾌락을 느끼기가 어렵습니다. 삽입 자위를 하더라도 질이 시작하는 바깥 부분이 가장 중요한 성감대입니다. 삽입할 때는 깨끗한 손으로 이 부분을 자극해 주는 것이 제일 좋습니다. 위생적이지 않은 손이나 물건을 넣을 경우, 질 안의 산성 균형이 깨지고 질염이 생기기 쉽습니다. 정리하면 우선 클리토리스 자위를 다시 도전해 보기. 삽입 자위를 해 보고 싶을 때는 깨끗한 손으로 질 입구 쪽을 자극해 보기입니다.

생리를 안 해요.
자위 때문일까요?

중학교 1학년 여자입니다.
초경한 지는 1년 정도 됐어요. 근데 두 달째 생리를 안 해서
걱정이에요. 평소에 늦게 자지도 않고
음식도 편식 안 하고 골고루 잘 먹거든요? 근데 왜 생리를
안 할까요? 혹시 다리를 꼬아서 압박하는 자위 때문일까요?
너무너무 고민이에요.

 ANSWER 식습관, 생활 패턴을
점검해 봅시다.

일반적으로 생리를 시작하고 평균 2~3년 동안은 생리 불순이 있을 수 있
어요. 사춘기 동안 키와 몸무게가 빠르게 변하고 호르몬 분비가 안정되지
않기 때문이죠. 이외에도 몸무게가 적게 나가거나 운동을 많이 하거나, 스
트레스가 많으면 생리 주기가 불규칙할 수 있어요. 우리 몸은 기계가 아니
에요. 그때그때 나의 몸 상태에 맞게 생리를 시작한답니다. 조금 더 기다려
도 좋지만 걱정이 된다면 병원에 가서 진단을 받아 봅시다. 병원은 아픈 곳
이 없더라도 걱정되거나 궁금한 게 있을 때 언제라도 가 볼 수 있는 곳이

랍니다. 병원에 갈 때 생리 주기를 적어 놓은 기록을 가져가면 도움이 될 거예요.

또 한 가지, 자위 부작용! 자위 때문에 생리 불순인가? 자위가 몸에 해로운 영향을 준 건 아닌지 고민됐죠? "생리 불순이 생긴다.", "키가 자라지 않는다.", 심지어 "아이를 낳지 못 한다."는 소문까지. 별의별 이야기가 있죠. 하지만 위생적이지 않은 물건이나 씻지 않은 손으로 생식기를 만지지 않는 이상 자위 때문에 문제가 생기지 않아요. 소음순 모양이나 색이 바뀌지도 않고요. 모두 근거 없는 이야기예요. 조금 있으면 생리할 거니까 걱정하지 말고 기다려 보세요.

자위 중독인 것
같아요.

제가 자위 중독에 걸린 거 같아요.
예전보다 자위도 많이 하고, 자위하는 시간도 길어졌어요.
자위 중독이 맞나요?
자위 중독을 끊을 수 있는 방법이 있으면 알려 주세요.

  ANSWER 좋아하는 일에
집중하세요.

자위하는 시간이 긴 편인데 횟수도 많아져서 중독이라고 생각하는 거죠?
중독에는 강박적인 특성이 있습니다. '강박적'인 상태란 무엇에 쫓겨 심하
게 압박을 느끼거나, 어떤 생각 혹은 감정에 끊임없이 사로잡히는 상태를
말합니다. 좀 더 쉽게 풀어서 이야기하자면 자위 때문에 학교, 관계, 개인
적인 행복에 부정적인 영향이 있거나, 상처나 통증이 있는데도 자위를 멈
출 수 없는 상태입니다. 이런 상황이라면 바로 자위 습관을 바꿔야 합니다.
자위 횟수가 늘어난 이유는 확인해 봐야 합니다. 일시적인 것일 수도 있고
점점 더 큰 자극과 만족감을 느끼고 싶어서 자주 하는 것일 수도 있습니다.
아니면 부담 없이 자위할 수 있는 시간이 더 많아졌을 수도 있지요. 친구가

자신을 잘 관찰하고 이유를 찾아보세요.

자위는 몸을 자극해서 좋은 감각을 느끼는 성생활입니다. 일주일에 1~2회 정도면 나쁘거나 해로운 행동이 아닙니다. 끊어야 할 나쁜 버릇은 아니지만 뭐든지 지나치면 탈이 나죠. 그러니 몸에 상처가 나지 않는 방법으로, 다른 사람을 신경 쓰지 않아도 되는 장소와 시간에, 죄책감 없이 자위하세요. 죄책감이나, 들킬까 봐 조마조마한 마음이 자위 중독을 만듭니다. 혹시 자위할 때 음란물을 보고 있나요? 음란물은 기본적으로 사랑과 건강, 배려가 빠진, 충격적이고 자극적인 영상이기 때문에 죄책감이 생길 수 있습니다. 자위할 때 음란물은 끄고 자기 몸 감각에 집중해야 합니다. 여기에 하나 더! 일상생활을 즐겁고 성실하게 하면 됩니다. 일상이 건강한 사람은 중독에 빠지지 않을 수 있는 힘이 있답니다. 자위를 아예 안 하겠다는 생각에만 집중하면 오히려 힘과 에너지가 자위에 얽매입니다. 재밌는 일, 인간관계, 일상생활에 집중하고 충실하세요. 자위는 음란물을 보지 않고, 성 욕구가 자연스럽게 올라올 때 한 번씩 하면 됩니다. 이제 성을 본격적으로 공부해야 할 시기입니다. 몸의 변화부터 생식기 건강, 나의 성을 탐구하면서 미래를 설계하고 거기에 필요한 준비를 시작하세요. 정통으로 성을 공부합시다. 궁금했거나 잘 몰랐던 것들을 하나씩 배우면서 나의 성생활을 설계해 보세요.

자위하는
제가 싫어요.

저는 여중생입니다.

초등학교 5학년 무렵에 우연히 야동을 본 후로

생식기를 만지면 기분이 좋아진다는 것을 알게 됐어요.

그때는 지금처럼 죄책감도 없고 하루에도 몇 번씩 했습니다.

그저 기분이 좋아지는 일이니까 별 생각 없이 습관처럼 그랬어요.

그런데 중학교 들어와서 친구들끼리 야한 이야기를 하다가

여자애들은 성도 잘 모르고 자위도 거의 안 한다는 걸

알게 됐습니다. 저만 너무 더러운 것 같고,

그 어린 나이에 자위를 알고 쾌감을 느꼈다는 사실이 괴롭습니다.

자위를 했던 제 자신이 너무 싫습니다.

여자가 성욕이 많으면 음란하다고 보는 사람들 시선도 무서워요.

어떻게 하면 이 죄책감에서 벗어날 수 있을까요?

 ANSWER | 우리의 생명이 시작되던
그 순간부터

잘못된 성 문화와 가치관 때문에 여성의 자위를 보는 시선이 왜곡되어 있

습니다. 모든 인간은 성적인 존재인데 남자에게만 성적인 자유를 용인했죠. 여자는 남편과의 관계에서만 성적 쾌락을 즐길 수 있어야 하고, 성적으로 무지한 것이 '순결'이라는 정서가 깔려 있습니다. 같은 반 친구들도 이런 생각일 거예요. 어쩌면 그중에는 자신이 자위한다는 것을 들킬까 봐 더 자위를 안 좋게 말한 사람이 있을 수 있고요. 생각보다 자위하는 여자 청소년들이 많아요. 현재 아우성 10대 상담실에도 자위를 하는 많은 여자 청소년들이 상담해 옵니다. "나만 자위한다, 별나다, 자위하지 않는 여자가 순결하다."는 생각은 이제 뛰어넘을 수 있겠죠? 배 속에 있는 아기도 자위를 한답니다. 감각을 느끼는 세포가 생식기에 몰려 있기 때문에 만지고 놀면서 쾌감을 느끼는 것이죠. 물론 아기들의 자위는 성적 욕구나 성관계와 연관되는 사춘기 이후의 자위와는 차이가 있습니다. 본론으로 돌아가서 죄책감의 원인을 하나하나 같이 정리해 봅시다. 여학생들이 죄책감을 느끼는 경우는 크게 두 가지입니다. 친구는 어떤 내용이 공감되나요?

첫 번째는 음란물입니다. 야동이나 야설, 팬픽을 보면서 자위하면 죄책감을 느낄 수 있습니다. 사랑, 생명, 책임 없는 왜곡된 성을 보여 주기 때문에 나의 성을 나쁜 것으로 느낍니다. 자위할 때는 음란물을 꺼야 합니다. 두 번째는 이중적인 성 기준입니다. 여자는 성을 알면 안 되고, 성 욕구를 표현하는 행동을 수치스러워해야 한다고 보는 건 편견입니다.

정자와 난자가 수정된 순간부터 죽을 때까지 모든 사람은 성적 존재입니다. 생식기는 감각 세포가 모여 있어서 자극하면 짜릿하고 좋은 느낌이 나도록 만들어진 기관입니다. 자위 죄책감은 이제 던져 버리세요. 수치심과 죄책감을 느끼면서 하는 자위가 가장 나쁩니다. 음란물은 끄고 방해받지 않을 수 있는 장소와 시간을 찾아보세요. 이렇게 도움을 요청하는 지혜와 용기가 있는 친구이기 때문에, 정식으로 성을 공부한다면 어느 누구보다 멋진 여성이 될 거라고 믿어요.

여동생이
자위하는 걸 봤어요.

14세 여동생이 자위행위 하는 모습을 목격했습니다.
눈이 마주쳤는데 제가 그냥 모른 척 지나쳤습니다.
그 상황에서 어떻게 대처해야 할지 난감하더군요.
전혀 예상치 못했습니다. 동생 성격이 조금 내성적이거든요.
야단치면 어린 마음에 상처 받을까 봐 이러지도 저러지도 못하고
있습니다. 참고로 저는 띠 동갑 오빠입니다.
이런 상황에서는 어떻게 해야 하나요?

ANSWER | 결정적인
순간

아마 동생 마음에 엄청 큰 사건으로 남았을 겁니다. 동생은 오빠가 자신을
나쁘게 생각하진 않을까 걱정이 많을 거예요. 님이 잘 정리하셔서 동생의
걱정을 싹 덜어 주세요. 이 상황을 정리하지 않으면 둘의 관계뿐만이 아니
라 동생의 성 의식에도 부정적인 영향을 끼칠 수 있어요. 죄책감이나 자기
혐오, 불만은 즐거운 성생활을 하고 건강한 성의 주인이 되는 데 가장 큰
걸림돌입니다. 동생의 마음이 밝아지도록 오빠가 도와 주셔야 합니다. 말

로 하기가 어려우면 편지를 써서 동생에게 주세요. 대략 이러한 내용이면 되겠지요.

> "처음에는 오빠도 순간적으로 당황했어. 근데 곰곰이 생각해 보니 자위는 자연스럽고 건강한 욕구야. 인간은 성적인 존재야. 사람들은 여성의 성욕이 적다고 생각하지만 내 생각은 달라. 표현하는 방식이 다른 거지 여자는 풍부하고 강한 욕망을 가지고 있다고 생각해. 너도 성에 눈뜨는 시기이고 자위는 성 욕구를 건강하게 표현하는 행위라고 생각해. 다만 오빠는 사적인 성생활을 보게 된 상황이 당황스럽고 불편했던 거야. 앞으로는 너도 문단속 잘하고, 오빠도 주의할게. 앞으로 멋진 여성이 되길 바란다. 오빠는 항상 너를 자랑스러운 동생으로 생각하고 있어. 소녀에서 성인으로 성장해 가고 있는 모습이 참 대견해."

무엇보다 편지의 내용을 스스로 잘 이해하고, 진심으로 믿는 것이 중요합니다. 편지에서 진심이 전달되어야 오빠 말에 힘이 생깁니다. 편지의 내용과 일상생활에서 느껴지는 오빠의 태도가 일치하지 않으면 오히려 더 혼란스럽습니다. 오빠부터 여성, 내 여동생도 성적인 존재라는 생각을 분명히 가지면 좋겠어요. 진심으로 여자 청소년의 자위를 건강하게 바라보았으면 합니다.

이 기회에 동생이 자신을 더욱 기특하고 대견한 존재로 받아들일 수 있도록 꼭 도와주시기 바랍니다. 경험 속에서 이끌어 내는 교훈은 어떤 것보다 강력하고 소중한 성교육입니다. 이런 경험들이 당당한 성의 주인이 되는 밑거름입니다.

14세 소녀입니다.
이성 친구를 사귀어도 될까요?

오늘 제 짝꿍에게 고백을 받았어요.
저도 그 친구가 괜찮다고 생각해요. 근데 중학교 1학년이
벌써 이성 친구를 사귀어도 되는지 걱정돼요.
엄마는 중학생답게 사귀면 된다고 하셨어요.

 ANSWER │ 반짝반짝 빛나는
마음들

사람을 좋아하는 감정, 설레는 마음은 남녀노소 모두 느낄 수 있습니다. 다만 나이와 성격, 내 개성에 더 어울리는 모습은 있을 것 같아요. 아마 친구는 드라마나 영화에서 본 데이트나 이성 교제가 떠올라서 내가 하면 안 된다는 느낌이 들었을 수 있어요. 사람마다 어울리는 옷이 있듯이 님에게도 어울리는 이성 교제가 있을 거예요. 친구가 즐겁게 할 수 있는 일, 내가 감당할 수 있는 모습이면 돼요. 연애에도 좋은 점이 있어요. 다양한 감정을 느끼고, 갈등 해결 능력도 배우고, 이성 친구들과 잘 지내는 법도 알게 됩니다. 자신의 매력도 찾게 되고, 더 멋진 사람이 되고 싶게 만드는 자극제가 될 수도 있어요. 무조건 안 된다는 생각보다는 서로에게 도움이 되는 사

이가 되겠다는 목표를 세우세요. 걱정되는 부분이 생기면 엄마, 아빠에게 물어보세요. 큰 문제 없을 거예요.

사귀지 않는다고 결정했다면 그것도 좋아요. 다만 나의 장점, 예쁜 점을 발견해 준 친구에게 고마운 마음을 간직하세요. 상대방 친구 마음을 배려해서 거절도 잘 하고요. 사귀지 않더라도 이렇게 고백을 받고 "어떻게 할까? 연애는 언제부터 해야하지? 상대방에게 뭐라고 이야기하지?"라고 고민해보는 것은 소중한 경험입니다. 이런 경험들이 차곡차곡 쌓여서 어른이 되는 거예요. 지혜롭게 잘 결정할 수 있을 거라 믿어요.

더치페이 하고
싶어요.

안녕하세요, 저는 고등학생 1학년이고요,
남자 친구는 저보다 한 살이 많습니다. 보통 학원 끝나고
집에 같이 가거나 주말에는 공원에 가서 시간을 보내요.
이번 주에는 영화 보고 피자 먹기로 했거든요.
금액도 좀 크니까 더치페이를 하고 싶어요.
항상 받기만 하는 게 미안해서요. 그래서 오빠한테 살짝
이야기했는데 오빠는 여자가 돈을 내게 하는 건 안 좋은 거라고
정색합니다. 조금 더 이야기해 보려다가 화를 낼 것 같아서
그만뒀어요. 계속 이렇게 지내기엔 제 마음이 불편하고,
말을 꺼내면 화낼 것 같아요. 어떻게 해야 할까요?
오빠가 자존심 안 상하게 더치페이 하는 방법 좀 알려 주세요!

🎙 ANSWER | 나 전달법
| <I-message>가 필요해

참 현명한 친구입니다. 계속 이렇게 한쪽에서만 데이트 비용을 내면 그 금
액이 적든 많든 친구 마음은 부담스러워집니다. 관계가 평등하지 않으면

남자 친구의 요구를 거절하기 힘들어집니다. 남자 친구가 조금 더 내더라도 두 사람이 심적으로 부담감이나 부당함을 느끼지 않는 게 핵심입니다. 친구의 마음을 잘 이야기해 보세요. 더치페이를 하고 싶은 마음, 불편한 감정을 이야기하세요. 남자 친구의 행동을 평가하거나 지적하는 것이 아니라 내 마음, 내 이야기를 하세요. 자칫 비난이나 지적이라고 느끼면 남자 친구는 오히려 움츠러들고 반발할 수 있어요. 다음 대화문을 자신에게 맞게 활용해 보세요.

> "나도 오빠를 좋아하는 마음에서 뭔가를 해 주고 싶어. 계속 이렇게 받기만 하면 나중에 오빠가 뭔가를 하자고 할 때 내가 싫어도 거절을 못할 것 같아. 오빠가 데이트하기 부담스러울까 봐 걱정돼. 오빠랑 가고 싶은 데가 있어도 오빠가 돈을 다 내니까 내가 먼저 가자고 할 수가 없어. 나는 남자가 돈을 다 내야 된다고 생각하지 않아. 돈을 같이 낸다고 해서 오빠가 쪼잔한 사람은 아니야. 나를 좋아하는 마음이 부족하다고도 생각하지 않아. 나는 우리 둘이 오래오래 즐겁게 사귀려면 더치페이를 해야 한다고 생각해."

이렇게 이야기하고 남자 친구에게 생각할 시간을 줘 보면 좋겠네요. 남자 친구의 마음이 준비될 때까지는 데이트 비용을 모아서 선물을 하는 것도 좋은 방법입니다. 조금씩 남자 친구를 설득해서 둘 다 마음이 불편하지 않은 선까지 더치페이를 하면 좋겠습니다.

중학생 딸의 남자 친구가
키스하자고 한답니다.

안녕하세요. 중학생 딸을 둔 아빠입니다.
딸이 남자 친구를 사귄 지 한 달 정도 되는데 남자 친구가
자꾸 키스를 하자고 한답니다.
싫다고 하면 자신을 좋아하지 않는다고 남자 친구가 삐진다며
난감해하는데 부모로서 어떻게 충고를 해야 할지요?

 ANSWER | 아빠의 역할이
중요합니다.

딸아이가 기준을 세울 수 있도록 도와주세요. 앞으로 어떤 스킨십 요구가 있든 기준이 있어야 대처할 수 있습니다. 자존감부터 세워야 합니다. 자존감이 튼튼해야 원하지 않을 때 상대방의 눈치를 보지 않고 표현할 수 있습니다. 상대방 감정이 상할까 머뭇거리다가 스킨십을 당하면 억울한 마음이 들고, 가해자와 피해자가 생깁니다. 실제 성폭력까지 이어질 수 있습니다. 성 문화도 알려 주세요. 손잡기부터 키스, 성관계를 단계로 생각하고 한 단계 한 단계 정복하는 문화가 있습니다. "남자는 본능을 억제하기 힘들다, 충동적이다, 어쩔 수 없다."라고 생각하는 분위기가 있어요. 같은 남

자인 아빠가 그래서는 안 된다고 말해 주면 설득력이 생깁니다. 남자 친구는 스스로 성욕을 조절해서, 여자 친구가 원하지 않을 때는 깨끗하게 포기해야 합니다. 스킨십 기준은 미리 정리해 두어야 원하지 않는 스킨십을 막을 수 있습니다. 가깝고 친밀한 관계라고 해도 한쪽이 싫으면 안 됩니다. 스킨십은 나의 욕구를 푸는 방식이기 이전에 상대방을 기쁘게 하는 사랑의 표현이라는 관점이 필요합니다. 딸과 충분히 이야기를 나누시고 이해가 안 되는 부분이 있는지 점검해 보시기 바랍니다. 본인 스스로 충분히 이해해야 흔들리지 않고 당당하게 이야기할 수 있습니다. 남자 친구와 직접 이야기 나누게 하고, 궁금한 게 있을 때는 언제든지 부모님에게 물어보고 상의할 수 있는 분위기를 만들어 주세요.

남자 친구가
자꾸 가슴을 쳐다봐요.

남친이 자꾸 지나가는 여자 다리나 가슴을 보고 다녀요.
저랑 같이 학교 갈 때도 시선은 여자 다리에 가 있더라고요.
제 가슴을 쳐다볼 때도 있어요.
청소년이고 남자의 본능이니까 이해해 줘야 하나요?

 ANSWER | 에티켓과 의지의
문제입니다.

남녀노소 누구나 매력적인 사람에게 시선이 가는 것은 자연스럽습니다.
특히 남자는 시각적으로 굉장히 발달되어 있다고 하지요. 뇌 연구에서도
어느 정도 확인된 내용인데, 오랜 기간 사냥을 하면서 주시하고 바라보는
훈련을 통해 시각적인 본능이 발달했다는 거예요. 하지만 상대방이 무안
해하고 다른 사람이 눈치챌 정도라면 문제입니다. 상대방의 불쾌한 마음
에 공감하지 못하는 태도입니다.

"상대방이 기분 나쁠 수 있는 행동인데 본능이니까 이해해 준다."는 생각
은 어디서 온 걸까요? "남자의 성 충동은 본능이므로 이성과 의지로 컨트
롤할 수 없다."는 생각에서 나옵니다. 이런 거짓말에 속지 마세요. 안타깝

게도 우리 사회에는 이런 잘못된 통념이 존재하고, 영화, 드라마, 포르노, SNS를 통해 우리 생각 속에 스며듭니다. 이런 생각에 속지 않으려면, 정말 맞는 말인지 "왜?"라는 질문을 던져야 합니다. 건강한 성, 성폭력에 대한 바른 기준을 갖고 흔들리지 않도록 싸워야 합니다. "남자는 다 이래.", "여자는 다 이래."라고 생각하면 오해를 풀 기회가 없어요. 같은 성별이라도 사람마다 얼마나 많이 다른데요. 자신의 성 욕구를 잘 관리하고 멋지게 사랑하는 한국 남성들도 정말 많습니다.

사람이 본능으로만 사는 게 아니에요. 이렇게 쳐다보는 습관을 못 고친다고 생각해 보세요. 성희롱으로 엄중한 처벌을 받습니다. 남자 친구를 아낀다면 정확하게 이야기해 줘야 돼요. 다른 사람을 그렇게 빤히 보는 행동은 실례이고 성희롱이라고요. 알고 있는 사람이 알려 줘야 됩니다. 상대방 입장에서는 어떤 마음일지 충분히 설명해 주세요. 남자 친구와 진실한 대화를 나눠 보길 바라요. 이렇게 문제가 있을 때 대화하고 상대방 입장에 서서 생각하고 풀어 가는 기술은 관계에서 굉장히 중요합니다. 이런 경험들이 님을 성장시키고, 멋진 어른으로 만들어 줄 거예요.

남자 친구가
제 가슴을 만져요.

제가 남자 친구랑 사귄 지는 이제 한 달 정도 됐어요.
처음에는 남자 친구가 손도 조심스럽게 잡고요. 키스하는 건
저도 좋아요. 근데 요즘에 키스하면 자꾸 가슴으로 손이
들어오더라고요. 하지 말라고 하면 미안하다고 멈추는데
며칠이 지나면 또 그러는 거예요. 왜 자꾸 이러냐고 하면
내 여친 건데 왜 안 되냐고 합니다. 정말 괜찮은 걸까요?
저는 열다섯 살, 남자 친구는 열여덟 살입니다.

 ANSWER | 강요는
폭력입니다.

여러 고민이 꼬리에 꼬리를 물 것 같습니다. 키스는 좋은데 가슴 만지는 건
싫고, 계속 거부하면 남자 친구가 싫어할 것 같고. 여자 친구니까 가슴 만
지는 게 당연하다고 하니까 맞는 말 같기도 하고요. 이런 저런 생각과 감정
속에서 무엇을 기준으로 선택해야 할지 걱정일 거예요.

두 사람이 원하는 스킨십의 정도와 모습은 매우 다양합니다. 성별, 문화,

가정 배경, 종교, 경험에 따라 나의 가치관이 만들어져요. 그날그날의 감정과 기분, 몸 상태에 따라 스킨십이 좋은 날도 있고 싫은 날도 있을 거예요. 무엇보다 아무 이유가 없더라도 님의 의견, 감정은 존중받아야 합니다. 가슴 만지는 것은 싫다는 그 느낌, 너무 빠른 스킨십은 싫다는 느낌 그대로 괜찮은 것이죠. 다른 사람들에 비추어 내가 맞는지 예민한 건 아닌지 비교할 필요는 없습니다. 이번 기회에 가슴 만지는 일과 남자 친구가 가슴을 만지려고 할 때의 기분과 생각, 앞으로 원하는 스킨십이 무엇인지 대화해 보세요. 그 이후에 남자 친구가 님의 감정을 존중하는지 잘 살펴보시고요. 사랑과 스킨십의 원칙은 당사자들의 적극적인 동의입니다. 이 원칙이 세워져 있는지, 지킬 의지가 있는지 점검해 보세요. 이 원칙이 두 분의 관계를 즐겁고 건강하게 지켜 줄 것입니다.

두 가지 신경이 쓰이는 부분은 "내 여친 건데."라고 한 부분입니다. 이 말을 풀어서 보면 이렇습니다. "여자 친구, 아내의 몸은 내 것이다. 내가 원할 때 내 마음대로 만질 수 있다. 나는 여자 친구의 몸을 원할 때 만질 권리가 있다. 여자 친구의 의사보다는 내 욕구가 중요하다." 남자 친구의 이런 태도가 문제입니다. 강요는 폭력입니다. 이런 태도가 바뀌지 않는다면 더 큰 강요와 폭력으로 이어질 수 있는 위험한 상황입니다. 데이트 폭력 가해자들이 갖고 있는 사고방식이거든요.

내가 왜 싫다고 말하기 어려운지도 잘 생각해 보세요. 나도 남자 친구가 하는 말에 일리가 있다고 생각하는 것인지, 거절하면 남자 친구와 헤어질까 봐 두려운 것인지. 그 이유를 솔직하게 알아야 내가 어떻게 할지 방향과 전략을 세울 수 있습니다.

좋은 관계를 맺고, 좋은 연애를 하려면 서로 다른 두 사람의 욕구를 잘 융화시키고 조화롭게 운영하는 사랑의 기술이 필요합니다. 연애는 그걸 배우고 경험하는 기회이기도 하고요. 이렇게 도움을 청할 수 있는 용기와 지혜를 가지신 분이시라면 안내해 드린 내용을 가지고 잘 활용하실 수 있을 거라고 믿습니다. 만약 남자 친구의 폭력적인 태도가 변하지 않는다면 부모님, 선생님 등 신뢰할 수 있는 어른들에게 상황을 알려야 합니다. 위험한 상황이 생기지 않도록 예방해야 합니다.

남자 친구가
몸 사진을 보내 달래요.

안녕하세요. 올해 고2가 되는 여자입니다.

사귄 지 6개월 된 남자 친구가 있는데 자꾸 가슴 사진을 찍어서
보내 달라고 해요. 사진을 안 보내 주면 제가 자기를
안 사랑하는 거라고 시무룩해해요. 이런 것도 애정 표현인가요?
남자 친구가 저를 많이 좋아해서 이러는 걸까요?
음란물 대신 제 사진 보며 자위하고 싶다고 하니 들어주고
싶은 마음이 듭니다. 성관계도 안 해 주는데 이거라도 해 달라고
하니까 할 말이 없어요. 어떻게 해야 할까요?

🎙 ANSWER | 사랑의 탈을 쓴
폭력

우선 가슴 사진을 달라는 행동은 애정 표현이 아닙니다. 사랑의 진정성을
가늠하는 기준도 아닙니다. 나도 편하고 즐거워야 합니다. 내가 싫다고 말
했는데도 요구한다면 이미 강요입니다. 둘이 연인 관계이거나 부부여도
마찬가지입니다. 애정 표현이 아니라 남자 친구의 요구예요. 사진을 보내
주면 어떤 일이 벌어질 수 있는지, 님이 왜 불안한지도 이야기해 주세요.

님께서 잘 설명했는데도 계속 강요한다면, 그 친구는 사랑할 줄 모르는 사람입니다. 좋아하는 마음이 있더라도 사랑하는 능력은 없는 사람이지요. 진짜 사랑은 상대방을 아끼고, 상대방이 더 잘될 수 있도록 힘써 주는 사랑입니다. 남자 친구가 행동을 바꾸지 않는다면 여자 친구 마음은 중요하지 않다는 뜻입니다. 음란물 안 보고 여자 친구 사진을 보면서 자위를 한다고 하면 남자 친구 부탁을 들어주는 경우가 많습니다. 사랑이라고 속지 마세요. 절대 사진이나 동영상을 보내지 마세요. 혹시나 이 문제로 헤어지게 되더라도 괜찮습니다.

사진을 보낸다면, 바로 그 순간부터 님은 남자 친구의 부탁이나 요구를 거절할 수 없을 거예요. 남자 친구와 오래오래 잘 사귀고 싶다면 사진을 보내지 마세요.

두 사람이 평등해야 하고, 무엇인가를 결정할 때 언제든지 자기 의견을 자유롭게 말할 수 있어야 합니다. 한 사람이 불편하고, 거절할 수 없는 관계는 건강하지 않습니다. 금방 깨지고, 함께 있더라도 고통스럽습니다. 이뿐만 아닙니다. '이 사진이 인터넷에 올라가면 어떡하지?'라는 걱정에 빠집니다. 한국 남성들 사이에는 성 경험을 성취로 생각하는 문화가 있습니다. 어린 나이의 성 경험을 자랑으로 생각합니다. 누가 먼저 했냐, 얼마나 했냐가 이야깃거리가 됩니다. 자랑인데 다른 사람들에게 알리고 싶지 않겠어요? 실제로 그 사진을 또래 친구들과 공유할 수 있습니다. 사진을 보내지 않더라도 모험담처럼 주변 친구들에게 이야기할 수 있고요. 클릭 한 번이면 같은 반, 학교는 물론 전 세계 사람이 볼 수 있는 SNS에 올라갑니다. 현실적으로 완벽한 삭제는 불가능하고요. 이별 후에는 어떨까요? 이별 후에 복수하듯 여자 친구의 사진이나 동영상을 올리는 사람들이 있습니다. SNS에 이런 영상들이 넘쳐납니다. 물론 남자 친구 의사와 상관없이 유출될 수도 있지요. 다른 사람에게 핸드폰을 빌려 주거나, 분실할 수도 있고요. 지금 당장은 아니더라도 1년, 5년, 10년이 지나서도 문득문득 생각나고 불안하지 않겠어요? 이런 가능성을 남겨 둘 필요가 없습니다.

성관계를
정말 해 보고 싶어요.

열여덟 살 여고생입니다. 제가 성욕이 너무 많은 것 같아요.
성관계를 너무너무 하고 싶어요. 그게 그냥 막연한 게 아니라
진짜 하고 싶어서 채팅으로 남자를 만나보고 싶다는 생각까지
들어요. 어떻게 하면 이런 생각을 안 할 수 있을까요?

 ANSWER | 성 욕구를
잘 관리합시다.

일반적으로 사춘기 변화는 17~18세 정도가 되면 완성됩니다. 자궁, 질, 음
핵 모두 완전히 다 자라서 몸으로만 보면 성관계를 감당할 수 있는 나이입
니다. 마음으로도 성관계를 원합니다. 그 자체로 자연스럽지요. 자신을 위
해 이 욕구를 잘 관리해야 합니다. 여자든 남자든 에너지, 성욕, 시간을 잘
관리하는 사람이 성공할 수 있습니다. 특히 성욕을 잘 관리하지 못하면 치
명적인 결과를 낳을 수 있습니다. 성 문제로 물의를 일으켜서 오랫동안 쌓
아 왔던 명성과 노력, 지위가 한순간에 무너지는 사람들 봤죠?

우선 채팅으로 사람을 만나서 성관계를 하겠다는 생각은 너무 위험합니

다. 성관계는 건강, 생명, 성병의 문제가 걸려 있기 때문에 신뢰할 수 있는 파트너를 만나야 합니다. 피임을 하고 상대방이 성병이 있는지도 알고 있어야 합니다. 게다가 랜덤 채팅은 성매매와 성폭력의 온상입니다. 상대방은 전문적이고 능숙하기 때문에 나도 모르는 사이에 범죄에 노출될 수 있습니다. 채팅으로 소녀들과 성관계를 하려는 비겁한 사람들이 과연 다른 사람의 건강, 임신, 성병 문제를 신경을 쓸까요? 잘 생각해 보세요.

파도가 잠잠할 때가 있고 폭풍이 치는 때가 있듯 지금과 같은 상태도 계속되지 않습니다. 욕구도 마찬가지입니다. 지금을 잘 넘기면 됩니다. 성욕을 자극하는 음란물, 야설, 수위 높은 팬픽을 끊으세요. 성 에너지가 올라올 때는 즐겁게 자위하세요. 자위는 성 에너지 해소에만 머무르지 않습니다. 성인다운 성을 준비하는 과정이자 그 자체로 성생활입니다. 자위할 때 문을 잠근다는 의미는 나만의 성생활이라는 뜻입니다. 음란물을 끄고 방해받지 않는 장소와 시간에 머리부터 발끝까지 온 몸을 정성 들여 만져 주세요. 여성은 음핵이라는 훌륭한 성감대가 있습니다. 클리토리스라고도 하는데 두 소음순이 만나는 윗부분에 있습니다. 살로 덮여서 보호되고, 신경이 모여 있어서 감각이 뛰어납니다. 부드럽게 만져 주면 기분 좋은 느낌이 들거예요.

첫 성관계를 잘 준비합시다. 사랑과 성관계가 함께 가는 교류로서의 성, 임신과 성병을 함께 대비하는 신뢰, 발가벗은 상대방을 끌어안는 너그러움이 있는 관계를 지향해야 합니다. 성관계는 단순히 성기와 성기의 결합을 넘어 사람과 사람의 하나됨입니다. 풍요롭고 아름다운 성은 건강한 관계에 깃듭니다. 이런 관점을 갖고 준비하세요. 무조건 참는 것이 아니라 계획이 있으면 과정도 즐길 수 있습니다. 첫 관계가 사고나 실패가 되지 않도록 구체적으로 어떤 준비가 필요한지, 무엇을 해야 하는지 꼼꼼히 따져 보시기 바랍니다. 절제력과 관계 능력을 높여서 성 에너지를 멋지게 펼쳐 나갑시다.

피임만 잘 하면
청소년도 성관계를 해도 되지 않을까요?

저는 중학교 3학년 여학생입니다.
평소 성에 관심도 많고 호기심도 많습니다. 어른들은 성관계를
성인이 된 다음에 해야 된다고 생각하지만요.
임신만 안 하면 상관없지 않나요?

🎤 ANSWER | 첫 성관계가 기준이
됩니다.

임신만 안 하면 청소년 성관계도 상관없는 것 아니냐는 질문을 남겨 주셨
네요. 성관계에는 임신 외에도 생각해 볼 내용들이 많답니다. 우선 성관계
할 때 반드시 지켜야 할 기준은 두 사람 간의 동의와 피임입니다. 동의가
없으면 성폭력이 되고, 피임이 없다면 위험한 섹스가 됩니다. 임신하는 건
시간문제죠. 청소년이라면 내 몸이 다 자랐는지도 생각해야 합니다. 중학
생 정도가 되면 키도 크고 가슴도 나와서 겉으로는 다 자란 것 같아 보입
니다. 근데 자궁과 질은 어떨까요? 질은 수천 개의 주름으로 되어 있는데
사춘기 시절을 지나면서 균이나 상처에 강해지고 성관계와 출산을 감당
할 수 있을 정도로 뛰어난 주름 조직으로 변모합니다. 보통 17~18세 정도

가 돼야 내부 생식기도 완성되기 때문에 첫 성관계 시기는 그 이후로 계획하면 좋겠습니다. 질과 자궁이 다 완성되지 않았을 때 낙태나 출산, 성병은 더 위험할 수밖에 없습니다.

피임 이야기도 해 볼까요. 어떤 피임을 할 계획인가요? 피임을 혹시 질외 사정이나 주기법, 콘돔 정도로 생각하고 있지는 않나요? 이 정도로 임신을 피할 수 있다고 생각한다면 착각입니다. 우선 질외 사정이나 주기법은 피임법이 아닙니다. 실패율이 굉장히 높습니다. 남자들이 사정하기 전에 '멈출 수 있다.'거나 '절대 걱정하지 말라.'는 건 거짓말이에요. 잘 생각해 보세요. 추울 때 몸이 부르르 떨리는 건 우리의 의지로 조절할 수 없습니다. 사정도 마찬가지입니다. 정액이 나왔어도 본인이 알아채지 못할 수 있어요. 게다가 정액이 나오기 전에 오줌 찌꺼기를 청소하기 위해서 나오는 쿠퍼액에도 정자가 있을 가능성이 있습니다.

배란 주기법도 문제가 있지요. 주기법은 일단 생리 주기가 매우 정확해야 되는데 그런 여성이 많지가 않습니다. 배란일은 언제든지 바뀔 가능성이 있어서 이것도 피임법이 아니지요. 콘돔은 제대로 사용한다면 높은 피임율을 기대할 수 있지만 착용법을 철저하게 따르는 경우가 많지 않아요. 철저하게 피임하기 위해서 여성은 경구 피임약을 복용하고, 남자는 콘돔을 사용하는 더치 피임을 해야 합니다. 경구 피임약은 복용법에 따라 잘 먹는다면 매우 높은 피임 효과를 기대할 수 있습니다. 콘돔은 피임뿐만 아니라 체액을 통한 감염을 막아 줍니다. 이 정도를 해야 피임했다고 말할 수 있습니다.

옳고 그름을 떠나서 제도적으로나 사회적으로 청소년이 성관계를 했거나 위험에 처했을 때 혼자 대응하기가 어렵습니다. 경제력도 부족하고, 부모님께 도움을 청하기도 어렵습니다. 사회적인 지원도 부족해요. 피임약이나 응급 피임약, 관련 진료 등 성관계 후에 올 일들을 대처할 수 있는지부터 짚어 보세요. 누구에게나 첫 관계는 소중합니다. 처음이 기준이 될 수 있기 때문에 정성껏 준비하시기 바랍니다. 최소한 이런 안전이 확보되어야 첫 관계가 상처나 실패가 되지 않습니다.

첫 경험 할 때
아프다는데 진짜예요?

저는 고등학교 2학년 여자입니다. 혹시 첫 경험 할 때
많이 아픈가요? 사람마다 다를 것 같긴 한데. 사실인가요?

 ANSWER | 여자의 몸,
여자의 쾌락

친구가 잘 알고 있는 것처럼 첫 경험의 느낌은 사람마다 모두 다릅니다. 몸 컨디션이나 준비 정도에 따라서 다를 수 있습니다. 성관계 통증에는 여러 가지 이유가 있지만 가장 일반적인 이유는 두 가지 정도 꼽을 수 있습니다.

첫 번째, 여자와 남자의 몸 차이입니다. 여자는 보통 성관계를 감당하고, 쾌감을 느낄 정도로 몸이 이완되기까지 보통 15~20분 정도 걸립니다. 여성은 질, 자궁 전반에 혈액이 모여야 몸도 충분히 이완되고, 성관계가 원활할 수 있도록 천연 윤활유를 만들어 냅니다. 반면 남성 성기는 발기부터 사정, 이완까지 필요한 시간이 짧습니다. 음경에만 피가 몰리면 되기 때문이죠. 여자가 준비되기 전에 음경을 삽입하려고 하면 통증을 느낄 수 있습니다. 입장을 바꿔서 남자가 발기가 안 된 상태에서 삽입하려고 한다고 생각

해 보세요. 말이 안 되죠? 여자도 마찬가지예요. 충분히 흥분하고 혈액이 모이면 그때 삽입할 준비가 돼요. 액도 충분히 나와야 통증이 없어요. 삽입 시점은 두 사람이 함께 조율해야 합니다. 남자들은 평소 훈련을 통해 발기 부터 사정까지 시간을 10분에서 15분 정도까지 조금씩 늘려 가야 하지요. 여자도 성감을 개발할 필요가 있고요.

두 번째, 강하고 빠른 피스톤 운동입니다. 일반적으로 성관계를 할 때 강하게만 자극하면 성적 쾌감도 높을 거라고 착각하는 경우가 많습니다. 음란물에서 나오는 성관계 모습을 떠올리기 때문이죠. 너무 강하게 자극하면 오히려 복통만 일으킬 수 있습니다. 대부분의 남자들이 여자의 몸, 오르가즘, 성감대에 대한 지식은 전혀 없습니다. 남자뿐만 아니라 여자도 잘 몰라요. 여자는 성적으로 알면 안 된다는 분위기 때문이어서 그런지 잘 가르쳐 주지도 않고, 알고 싶다고 말하기도 어렵지요. 그렇더라도 우리 여성들은 자기 몸이니까 잘 알고 있어야 합니다. 열심히 공부도 해야 돼요. 어떨 때 기쁜지 알면 상대방에게 알려 주고 조율할 수 있잖아요. 자기 몸도 아닌데 남자가 어떻게 알겠어요? 남자 기준에 좋은 것, 음란물에서 본 대로 할 수 밖에 없어요.

무조건 강하고 빠른 피스톤 운동이 좋다는 생각을 버리고요. 남자의 속도 만이 아니라 여성의 속도와 맞춰야 합니다. 서로의 몸과 생식기 구조도 잘 알아야 합니다. 이런 내용을 남자가 알아 주지 않습니다. 자신이 먼저 공부하고 준비해서 파트너에게 잘 알려 주세요. 첫 관계라 어색하더라도 대화를 많이 하세요. 피임 계획도 세우시고요. 먼저 이야기하세요. 창피한 게 아니라 자기 성의 주인답게 사는 멋진 모습이에요. 서로 원하는 성관계도 공유하시고요. 남자와 여자 모두에게 첫 관계가 중요합니다. 첫 관계가 이후 성관계의 기준이 될 수 있어요. 습관, 패턴이 되는 거죠. 내가 원하는 성의 모습과 기준을 세워 보세요.

남자는 성관계로
사랑을 확인하나요?

저는 여고생인데요. 남자 친구가 몇 번 관계를 하자고 했는데
싫다고 했더니 헤어지고 싶은 거냐고 합니다.
제가 남자 친구를 사랑하지 않아서 성관계를 안 한다고 생각해요.
한 번 한다고 꼭 임신이 되는 건 아니지만 너무 두려워요.
남자 친구는 평소 성격도 좋고 행실도 바릅니다.
이 문제만 아니면 다 좋은데……. 헤어져야 할까요?

🎙 ANSWER | 동의란 무엇일까?
 〈Tea Consent〉

성관계는 일방통행이 아닙니다. 싫으면 싫은 겁니다. 부담감이나 죄책감을 느낄 필요 없습니다. 상대방에게 양해를 구해야 할 일도 아닙니다. 님이 원하지 않는다고 말했는데 성관계를 할 때까지 요구하는 태도가 강요입니다. 때리거나 협박하지 않아도, 거절하기 힘들게 만드는 말과 행동 역시 강요의 다른 얼굴입니다. 성관계로 사랑을 증명할 필요가 없습니다. 강요가 아니었다면 님이 거절해도 어렵거나 부담스럽지 않습니다. 여자 친구라고 해서 성관계 요구를 들어주거나 성 욕구를 채워 줘야 할 의무도 없습니다.

나의 성 욕구를 해소하는 차원을 넘어서 어떻게 하면 서로 행복할 수 있을까에 집중해야 합니다. 두 사람 모두 행복한 범위 안에서 어떻게 서로 다른 욕구와 취향, 성격을 조화롭게 만들어 갈지가 중요하지요. 때론 포기도 필요합니다. 아무런 계획 없이 성관계를 요구하거나, 지금처럼 성관계를 거절하기 힘들게 만든다면 성숙하지 못한 사람입니다. 남자 친구의 관점이 바뀌어야 합니다. 연인 사이라도 나의 의지를 거스르는 행동이 폭력이라는 것도 잊지 마세요.

유튜브에서 <Tea Consent>를 검색해 주세요. Blue Seat Studios에서 제작한 영상인데요. 동의가 무엇인지 쉽고 재미있게 알려 주는 만화입니다. 한글 자막으로도 볼 수 있어요. '성적 동의'라고 하면 어려웠던 의미가 차를 마시는 상황으로 설명해 주면 명쾌해집니다. 남자 친구가 이 동영상을 보고, 스스로를 정직하게 돌아본다면 '성적 동의'를 충분히 잘 이해할 수 있을 거예요.

"한 번 한다고 꼭 임신이 되는 건 아니지만"이라고 하셨지요. 근데 잘 생각해 보세요. 임신은 하나의 정자와 하나의 난자가 만나서 됩니다. 성관계 한 번으로 임신이 되는 거예요. 자기 몸과 건강, 나의 미래, 생명 문제를 이렇게 안일하게 보면 안 됩니다. 성관계를 하기 전에 같이 피임 계획을 세워야 해요. 피임은 성관계의 일부이지, 성관계의 걸림돌이 아니에요. 피임은 임신 계획을 잘 하기 위해서, 나중에 아기를 원할 때 건강하게 낳기 위해서도 반드시 필요합니다. 피임과 관련해서 추천해 주고 싶은 영상이 있어요. 산부인과 최안나 선생님이 하신 강의인데요. 꼭 한번 보면 좋겠어요. 앞으로 성생활을 디자인하는 데 큰 도움이 될 거예요. <최안나의 엄마 성 아이 성>으로 검색하면 강의 영상이 나올 거예요. 여자의 성을 전반적으로 다루고 있어서 친구도 재밌게 볼 수 있어요.

지금 제대로 정리하지 않으면 성관계가 억울한 경험이 될 수 있습니다. 서로 좋아했던 두 사람이 가해자, 피해자로 나뉠 수도 있습니다. 진지하게 이야기할 수 있는 날과 장소를 정해서 진솔하게 이야기 나누세요. 상대방 잘못을 지적하기보다는 자신의 입장, 감정을 알려 주세요. '나에게는 성관계에 대한 원칙이 있어.', '임신은 내 몸에서 일어나는 일이야. 신중할 수밖에 없어.' 여기까지가 님의 역할입니다. 그다음은 남자 친구의 몫입니다. 남자 친구의 반응, 나의 의견을 존중하는지 보시고 앞으로 관계를 어떻게 해야 할지 생각해 보세요.

콘돔을
처음 봤어요.

안녕하세요. 저는 중학교 3학년 여자입니다.
저희 가족끼리 여행을 가서 모텔에서 자게 됐어요.
부모님이 나가신 사이에 모텔에서 준 지퍼백을 열어 봤더니
콘돔이 들어 있더라고요. 책으로는 본 적이 있는데
직접 보니까 호기심이 생기더라고요. 저는 콘돔이 풍선처럼
동그란 느낌일줄 알았는데 콘돔 위에 조금 튀어나온 부분이
있더라고요. 기름 발라 놓은 것처럼 미끈거리고요.
엄청 신기했어요. 다른 콘돔들도 다 이런 모양인가요?

 ANSWER | 콘돔은
왜 그렇게 생겼을까?

호기심도 많고 관찰력도 좋은 친구네요. 콘돔에 볼록 나온 부분이랑 미끈
거린다는 특징을 아주 잘 잡아냈어요. 친구가 본 모양이 기본 형태입니다.
색이나 디자인 등 조금씩 차이가 있지만 기본은 같다고 보면 돼요. 콘돔
을 착용할 때 튀어나온 부분을 비튼 다음 음경에 끼워 줍니다. 사정을 하
면 그리로 정액이 모여요. 콘돔이 미끌미끌한 이유는 '윤활제'가 발라져 있

기 때문입니다. 음경이 질로 잘 들어갈 수 있도록 돕는 역할을 합니다. 콘돔은 정자가 질 안으로 들어가는 것을 막아 주고 성병도 예방합니다. 다른 피임법에 비해 경제적이며 부작용도 적고 착용법도 어렵지 않습니다. 이번 기회에 콘돔 사용법도 기본적인 성 지식으로 알아 두면 좋겠습니다. 우선 콘돔으로 피임을 한다고 할 때는 모든 성관계 때 콘돔을 사용해야 합니다. 임신 확률이 높은 날만 콘돔을 쓰고, 질외 사정할 때는 콘돔을 안 쓴다면 피임한다고 이야기할 수 없습니다. 콘돔은 일회용이기 때문에 재활용해서 쓰지 않습니다. 콘돔 설명서에 있는 사용법을 잘 따라서 지키고, 발기할 때마다 사용한다면 97~98% 정도의 높은 피임 효과를 기대할 수 있습니다. 제대로 사용하지 않으면 피임 효과는 급격하게 떨어집니다. 다른 피임법들은 성병 예방 기능이 없기 때문에 다른 피임을 하더라도 콘돔은 항상 쓰는 것이 좋습니다.

1 콘돔 준비

- 콘돔은 직사광선이 없는 시원하고 건조한 곳에 보관합니다. 지갑에 보관하지 않습니다.
- 한 번 성관계할 때는 콘돔을 2~3개 정도 넉넉히 준비합니다.
- 유통 기한을 확인합니다.
- 치아를 사용하지 말고 손으로 콘돔 포장지를 뜯습니다.
- 콘돔이 찢어졌거나 변색된 경우 사용하지 않습니다.

② 콘돔 착용 방법

- 손으로 콘돔 윗부분을 비틀어 잡습니다.
- 콘돔은 삽입 직전에 착용합니다. 삽입하여 피스톤 운동을 하다가 콘돔을 착용하면 피임 효과가 없습니다.
- 다른 한 손으로는 콘돔을 성기 뿌리 쪽으로 내립니다.
- 손으로 음경과 콘돔 사이에 공기가 없도록 매만집니다.

③ 콘돔 사용 후

- 성기가 줄어들면 정액이 흘러나올 수 있기 때문에 발기된 상태에서 콘돔을 제거합니다.
- 콘돔을 휴지통에 버립니다.
- 성관계를 다시 할 경우, 새 콘돔을 사용합니다.

남친이
콘돔을 안 쓰려고 해요.

지금 열아홉 살인 남자 친구가 있어요.
동의하에 한 달에 3~4번 정도 성관계하는 편이고요.
그러다보니 임신이 항상 걱정됩니다.
지금까지는 남친이 질외 사정만 했는데 제가 아무래도 불안해서
콘돔을 쓰자고 설득했어요. 근데 남자 친구는 한 번 콘돔을
써 보더니 느낌이 없다고 콘돔을 안 쓰려고 해요.
제가 콘돔을 써야 된다고 하면 알았다고는 하는데 실제 행동은
달라요. 피임 없는 성관계는 안 된다는 걸 알게 할 방법이
없을까요?

 ANSWER | 피임은 성관계의
과정입니다.

피임 없는 성관계는 안 된다는 걸 어떻게 알게 할 수 있을까요? 이 질문 자
체가 제가 드리고 싶은 답변입니다. 피임이 없다면 성관계를 하지 마세요.
성관계를 하기로 했더라도 멈추면 됩니다. 나와 파트너와의 건강, 생명을
우선 순위에 둬야 합니다. 성관계의 기본 조건은 완전한 동의와 철저한 피

임입니다. 피임은 상대방을 존중하는 성숙하고 평등한 관계에서 오는 거예요. 서로 좋아하는 마음이 있더라도 원할 때 피임을 하지 못한다면 건강한 관계가 아닙니다. 사실 성폭력이에요. 원하지 않는 임신을 하게 만드는 거니까요. 지금 두 사람이 임신할 계획이 없다면 철저하게 피임하세요. 피임 없는 성관계는 없습니다. 피임은 성관계의 걸림돌이 아니라 둘을 안전하게 지키는 도구예요. 생명이 생길 수 있는 일인데 이렇게 안일하면 안 됩니다. 피임은 성관계의 일부분이에요. 남자 친구도 콘돔을 공부해서 사용법에 따라 잘 사용해야 하고요. 매 성행위마다 사용한다면 97~98% 정도의 효과를 기대할 수 있습니다. 그렇지 않으면 피임 효과가 확 떨어집니다. 다른 피임법들은 성병 예방 효과가 없기 때문에 다른 피임을 하더라도 콘돔은 항상 착용하는 것이 좋습니다. 님에게는 경구 피임약을 추천합니다. 첫 성관계와 첫 임신을 계획하는 시기가 점점 늦어지고 있습니다. 첫 성관계를 20세에 하고 첫 임신을 30~35세쯤 한다면 그 사이에 최소 10년이 있어요. 성생활은 하지만 임신을 원치 않는 시기가 너무 긴 거예요. 더군다나 10대 후반에서 20대 초반은 특히 임신이 더 잘 되는 시기이고요. 피임이 과거보다 더 중요해진 거예요. 남자 친구가 콘돔을 쓰는 것만으로는 부족하고요. 여자는 경구 피임, 남자는 콘돔을 쓰는 더치 피임을 해야 확실합니다. 경구 피임은 약을 제대로 복용하면 안전하고, 99% 이상 높은 피임 효과를 기대할 수 있어요.

우리 여자 청소년들이 어떤 마음을 가져야 할까요? 내가 원하는 성관계인지, 내 몸과 인생에 미치는 영향까지 다 따져 봐야 합니다. 특히 피임 문제에서는 무조건 남자가 여자를 존중해야 합니다. 왜 그럴까요? 남자는 임신하지 않기 때문이에요. 임신은 여자가 몸으로 직접 겪는 일이에요. 출산부터 임신, 양육, 낙태로 인한 후유증을 남자가 대신해 줄 수 없어요. 성관계하면 임신이 될 수 있다는 사실을 머리로는 알아도 자기 몸에서 벌어지는 일이 아니기 때문에 남자가 여자만큼 고민하고 책임질 수가 없어요. 걱정이 없어요. 안 해요. 진짜 철저하게 여자 입장에서 서 보고 생명과 사랑의 무게를 알 정도로 성숙한 사람이 아니면 모릅니다. 남자 친구한테 내 입장에서 피임이 왜 이렇게 중요한지 임신, 출산, 성병, 낙태 같은 현실을 따져 줘야 합니다. 이게 상식이에요. 피임은 타협하면 안 돼요. 남자 친구가 콘돔을 쓰지 않으면 단호하게 성관계를 멈추세요. 이 문제는 남자 친구의 의사나 결정에 기댈 부분이 아닙니다. 콘돔을 껴서 잘 느껴지지 않으면 어떻게 성감을 잘 느낄 수 있을지 고민하고 자기 감각, 성관계 방법을 개발해야죠. 지혜롭고 용기 있는 우리 여자 청소년들이 먼저 알리고 성 문화를 바꿔가야 합니다.

가임기 계산은
어떻게 하는 건가요?

중학생 딸아이가 성교육 시간에 가임기를 배웠나 봅니다.
잘 이해가 안 됐는지 저한테 물어보는데
저도 정확히는 모르겠더라고요. 인터넷에서 알아보고 설명해
준다고 했습니다. 어떻게 가르쳐 주면 좋을까요?

 ANSWER | 아는 것이
힘이다.

배란부터 생리까지 전체 흐름을 알면 몸 변화에도 당당해지고, 두려움도
사라집니다. 성관계 기준을 잡는 데도 도움이 됩니다. 인터넷으로 쉽게 가
임기를 계산할 수 있지만, 생리 주기 원리를 아는 것과 원리는 모르고 날짜
만 아는 사람하고는 큰 차이가 있습니다. 어머니께서 공부한 다음 아이에
게 잘 설명해 주시기 바랍니다. 알아 두시면 어머니한테도 도움이 되실 거
예요.

우선 생리 예정일부터 14일 전을 배란일로 잡습니다. 난자가 자라는 시간
은 사람마다 다르지만, 모든 여성은 배란 2주 후에 생리를 하기 때문에 예

가임기

20	19	18	17	16	15	14	13	12	11	10	9	8	7	6	5	4	3	2	1
	정자생존기	정자생존기	정자생존기	배란기	배란기	배란일	배란기	배란기	난자생존기										생리예정일

정일을 기준으로 합니다. 배란을 하기까지 걸리는 시간은 사람마다 다르고, 같은 사람이라도 몸 상태에서 따라 언제든지 달라질 수 있기 때문입니다. 그다음 배란일이 하루에서 이틀 정도 바뀔 수 있기 때문에 배란일 앞뒤로 이틀씩 여유를 줘서 총 5일을 배란기로 잡습니다. 이렇게 하면 예상 배란기는 생리 예정일 전으로 16일부터 12일로 나옵니다. 가임기를 계산할 때는 정자와 난자 생존기도 고려해야 합니다. 정자 생존일은 보통 3일을 잡습니다. 생리 예정일 19일전에 성관계를 하면, 정자가 3일 동안 생존하고 있다가 16일에 배란된 난자를 만나 임신이 될 수 있습니다. 난자 생존일은 보통 하루로 보는데요. 예정일 전 11일에 성관계를 하면 12일에 배란된 난자가 하루 동안 살아 있다가 정자를 만날 수 있습니다. 배란기 앞으로 정자 생존기, 뒤로 난자 생존 시간을 더해 주면 임신 가능성이 높은 가임기를 예상해 볼 수 있습니다. 정리하면 생리 예정일 19~11일 전이 임신 가능성이 높은 시기입니다. 가임기는 생리 주기가 최소 6개월 동안 규칙적이어

야 계산할 수 있어요. 근데 이렇게 규칙적으로 하는 경우는 매우 드뭅니다. 더구나 몸 상태에 따라 배란일은 언제든지 바뀔 수 있기 때문에 가임기 계산이나 주기법은 피임법으로 볼 수 없습니다. 가임기나 배란일 계산과는 상관없이 피임이 필요합니다. 다음달 생리 예정일 기준으로 19~11일 전이 가임기입니다. 간단하게 외우세요!

섹스 하자는 남친,
어떻게 해야 할까요?

저는 18세 여자입니다. 요즘 섹스 하자는 남친 때문에
고민이 많아요. 남자 친구는 계속 하자는데 저는 좀 꺼림칙해서
계속 핑계만 대고 있어요. 이러다가 남친이 헤어지자고 할까 봐
불안해요. 다른 사람들은 3개월만 넘으면 다 성관계한다는데
제가 너무 순진한건가요?

내가
하고 싶을 때

남친이 없더라도 18세 정도면 성관계가 무엇인지 알고, 나는 누구와 어떤
조건에서 성관계를 할 거라는 기준이 있어야 해요. 사춘기는 성적으로 성
숙해지는 과정이에요. 성관계에 관심도 생기고 욕구도 생겨요. 진짜 몸으
로 느껴 보고 싶기도 해요. 이번 기회에 기준을 같이 세워 보면 좋겠어요.
자기 기준이 없고 엉겁결에 성관계를 하면 당한 느낌이 듭니다. 성폭력이
될 수 있어요. 후회되고 자책합니다.

우선 내가 무엇을 원하는지 생각해 보세요. 다이어리에 육하원칙에 맞춰

서 하나씩 적어 보세요. 나는 언제, 누구와, 왜, 어떻게, 어디에서 성관계를 할 것인지 구체적으로 생각하세요. 계획해야 해요. 성관계 후에는 내 몸과 인생에 어떤 일이 벌어질 수 있는지도 현실적으로 따져 봐야 합니다. 성관계는 내가 원할 때 원하는 방식으로 해야지 끌려갈 일이 아닙니다. 내 입장이 정리되어 있어야 구체적으로 요구할 수가 있어요. 피임은 어떻게 할 거고, 임신하면 어떻게 대처할 거냐 물어야 돼요. 이렇게 물어봐 줘야 남자 친구도 생각하고 고민하죠. 성관계가 좋은 기억으로 남고 상처도 없어야 합니다. 생명의 문제도 없도록 짚어야 할 문제입니다.

우리 여자 청소년들이 먼저 자기 몸, 성을 공부하고 힘을 길러야 합니다. 남자들이 여자 몸을 알 수도 없고, 알기도 어려워요. 여자가 먼저 공부하고 알려 주는 게 가장 빠른 방법입니다. 이렇게 하면 서로 성장하고 성생활의 품격도 높아집니다. 먼저 깨닫고, 잘 알고 있는 사람이 알려 줘야 합니다. 야동, 왜곡된 성 문화를 따라 가면 성도 인생도 같이 낮아집니다. 생명 문제도 생기고, 사람에 대한 신뢰도 무너집니다. 이렇게 자기 주관이 있고 합리적으로 이야기하면 남자 친구도 여자 친구를 더 멋지게 봅니다. 남자 친구가 지금 당장은 자기 마음대로 못 해서 짜증이 나지만 조금만 지나면 여자 친구가 얼마나 멋진 사람인지 깨닫게 될 거예요.

생리 기간에
성관계를 했습니다.

생리할 때 성관계를 하면 임신이 안 되죠?
생리가 끝날 때쯤에는 성관계를 가져도 되나요?

 ANSWER   주기법은
피임이 아닙니다.

생리 기간에 성관계를 하면 임신이 안 된다고 잘못 알고 있는 경우가 많습니다. 임신 가능성이 낮은 날에 성관계를 하는 걸 피임법이라고 생각하는 거예요. 콘돔이나 다른 피임법을 할 생각보다는 생리 중에는 임신이 안 될테니까 그때 하자고 생각하는 거지요. 결론적으로 말씀드리면 생리 기간에는 성관계를 하지 않는 것이 좋습니다. 그 이유로는 두 가지를 들 수 있습니다.

첫째, 생리 기간에 하는 성관계는 피임법이 아닙니다. 주기법으로 계산을 해서 생리 기간이 가임기가 아니라고 나올 수 있지만 임신이 100% 안 된다고 말할 수 없습니다. 무엇보다 이 주기법이 그나마 효과가 있으려면 생리 주기가 정말 정확해야 하고요. 최소 6개월 이상 규칙적으로 했어야 하는데 이렇게 정확한 경우가 정말 적습니다. 게다가 배란일은 몸의 상태에서 따라서 언제든지 바뀔 수 있습니다. 생리 주기가 짧은 사람은 생리 기간과 배란일이 겹칠 수 있어요. 즉 주기법은 피임법이 아닙니다. 생리 기간에 성관계를 해도 임신이 될 수 있습니다.

두 번째, 자궁과 질 등 여성 생식기에 염증이 일어날 수 있습니다. 여성의 생식기는 어떤 의미에서는 내보내는 기관이기도 합니다. 내부 생식기에서 생기는 냉이나 분비물은 물론, 생리혈, 아기 등 창조한 모든 것을 밖으로 보내는 원리를 가지고 있습니다. 밖으로 흘려보내는 원리가 순조롭게 진행될 때 자궁을 비롯한 여성 생식기가 건강하지요. 그렇지 못할 경우 여러 가지 균형이 깨질 수 있습니다. 특히 생리 중에 성관계를 할 경우, 역류 현상이 일어나 염증을 유발할 수 있습니다. 게다가 생리 중에 자궁의 내막은 얇아진 상태입니다. 여성의 질 점막은 평상시에 산성을 유지하지만 생리 중에는 이런 산성의 균형도 불안정하기 때문에 성관계를 통한 접촉과 마찰은 여성 생식기 건강에 좋지 않습니다. 생리 중에는 성관계를 하지 않는 것이 좋습니다. 건강까지 고려하는 수준 높은 성생활을 합시다.

질염인데요.
산부인과에 꼭 가야 하나요?

냉이 생리혈만큼 엄청 많이 나오고 음부도 막 가렵고 그래요.
아무래도 성관계 때문인 것 같아요.
네이버 지식인에서는 산부인과에 가라는데 치료용 의자도
너무 부담스럽고 남자 의사도 너무너무 싫어요.
엄마한테 이야기하기도 쪽팔려요.
병원 안 가고 치료할 수 있는 방법은 없을까요?

 ANSWER | 꼭 가야
합니다.

냉이 생리 양 정도로 많다는 건 심한 거죠. 균에 따라서 증상이 조금씩 다르거든요. 생선 썩은 냄새가 나기도 하고, 완전 누런 분비물이 나오거나 너무 가려울 수도 있지요. 이렇게 균에 따라서 증상이 달리 나타나기 때문에 반드시 검사를 해서 어떤 균인지 정확하게 알고, 거기에 맞게 정확한 치료를 받아야 합니다. 다른 방법이 없습니다. 남자 의사라서 싫고, 치료받는 자세가 싫다. 그래서 치료 안 받으면 어떻게 됩니까? 내부 생식기가 고장이 날 수 있습니다. 염증이 질, 자궁 경부, 자궁, 나팔관, 난소로 쭉 올라갈 수 있어요. 다 영향을 미칩니다. 증상이 있을 때, 쉽게 치료할 수 있을 때 빨리 해결해 줘야 합니다.

의사와 환자의 관계에 대한 관점이 바뀌어야 합니다. 우리가 병원에 돈을 내는 거예요. 환자로서의 권리를 받아야지요. 이게 환자로서, 돈을 지불한 사람으로서의 정당한 갑질이에요. 근데 우리는 자기 돈을 내면서 을처럼 구는 거예요. 궁금한 게 있어도 잘 묻지도 못하고, 나와서 간호사나 인터넷에다가 물어요. 자기 권리. 내 몸의 권리는 내 거니까 내가 당당해야 됩니다. "내가 성관계해서 질염에 걸렸는데 의사가 알면 어떻게 하지? 날 어떻게 생각할까?" 걱정할 문제가 아니에요. 처음부터 잘 아는 사람이 어디 있습니까? 경험을 통해서 교훈을 얻고 깨닫는 과정이 중요하지요. 다음부터는 콘돔 없는 섹스는 없습니다. 여자 몸은 남자가 모릅니다. 자기가 챙겨야 돼요. 안 그러면 이런 고생을 또 해야 되잖아요.

치료용 의자도 합리적으로 생각해야 돼요. 의사가 내 몸을 잘 보고, 치료하기에 가장 좋은 자세를 위한 의료 도구지요. 굴욕으로 생각할 게 아니에요. 내가 당당할 때 의료인들도 존중해 줘요. 좋은 의사 분들은 이런 마음을 알고 조명이나 자세, 위치 등을 조정해서 불편한 마음을 덜어 주려고 노력한답니다. 그래도 남자 의사가 불편하다면 여자 의사가 있는 병원을 선택하면 됩니다.

새 남자 친구에게 성 경험이 있다고
말해야 할까요?

고등학교 1학년 때 남자 친구랑 성관계를 갖게 됐어요.
서로 좋아서 했고 피임도 확실하게 했기 때문에 불안하거나
후회하지 않아요. 고3 되면서 서로 공부에 더 집중하자고 하고
잘 헤어졌고요. 지금은 아무 아쉬움이 없어요.
그런데 나중에 다른 사람을 사귀면 성 경험이 있다고 말해야 할지
고민입니다. 묻지도 않았는데 먼저 이야기할 필요는 없다고
생각하다가도 "우연이라도 남자 친구가 알게 되면 어떡하지?"
라는 생각에 마음이 무겁습니다.

 ANSWER | 말하지 않아도,
당신은 진실한 사람

님의 성 경험을 이야기하지 않는다고 해서 진실하지 않은 사람이라는 뜻
은 아닙니다. 남자 친구, 남편이더라도 여전히 개인적인 영역은 필요합니
다. 성적인 영역도 마찬가지예요. 모든 생각과 경험을 공유하고 공개해야
만 하는 것은 아니에요. 다른 친구들, 부모님께도 마찬가지입니다. 무엇을
공유하고 무엇을 개인적인 영역으로 둘지는 나의 선택입니다. 모든 일을

부모님, 친구, 남자 친구에게 말하지 않는다고 해서 스스로 거짓말쟁이라든가, 정직하지 않은 사람이라고 생각하지 마세요.

하지만 간단한 일도 아니지요. 성 경험을 이야기할지 말지에 대한 기준은 여러 가지가 있을 수 있겠지만 건강 면에서는 파트너와 이야기를 나눌 필요가 있습니다. 임신, 성병, 피임에 대해서도 이야기하면서 함께 필요한 계획들을 세울 수 있고요. 상대방이 좋아하고 싫어하는 성관계가 무엇인지 아는 데도 유용합니다. 님도 상대방이 성병은 있는지, 신뢰할 만한 파트너인지 확인해야 하고요. '남자 친구니까 무조건 알아야 돼.', '말해야 할 의무가 있어.'라기보다는 관계에 도움이 되고, 서로 발전적인 방향으로 나아가려는 목적과 맥락 위에서는 대화해 볼 필요가 있다고 생각해요. 공개할 수 있는 만큼, 할 수 있는 부분만 이야기해도 되지요. '성 경험이 있니?'라는 질문의 목적이 무엇인지 보고 그에 따라 대답을 달리 할 수 있어요. 성 경험으로 순결을 판단하려는 마음일 수도 있고, 아니면 상대방으로서 성병이나 임신, 성관계에 대한 생각이나 계획이 궁금해서일 수도 있지요. 첫 번째 질문에는 자신이 생각하는 순결을 이야기하고, 두 번째 질문에서는 친구가 가진 피임 지식이나 준비한 내용, 성병 유무, 건강 관리 부분을 이야기할 수 있어요.

사람마다 성에 대한 가치관, 수용 가능한 범위가 다르기 때문에 남자 친구가 어떤 사람이냐에 따라 대답은 달라질 수 있습니다. 답이 정해져 있는 객관식이 아니라 창의적인 주관식 답이 필요합니다. 하나가 아니라 여러 개의 답이 있답니다. 친구 말대로 내년이면 성인입니다. 이런 좋은 질문을 놓치지 말고 치열하게 고민하세요.

중3인데요,
성관계를 했어요.

안녕하세요? 전 16세 중3입니다.

다섯 달째 고3 오빠를 사귀고 있습니다. 처음엔 키스로 끝날 줄
알았는데 어쩌다 보니 성관계까지 갔습니다.

두 번 정도. 물론 저도 싫었던 건 아니에요. 남자 친구를 너무
사랑하고, 저도 원했으니까요. 그런데 막상 하고 나니까
마음이 너무 힘듭니다. 임신은 안 됐지만 혼전 순결 문제도
그렇고 어린 내가 성관계를 했다는 죄책감에 하루하루가
괴롭습니다. 청소년 성관계에 대한 이야기를 들을 때마다
마음 한구석이 찔리고 사람들 얼굴도 제대로 못 보겠어요.
이런 얘기 아무한테도 할 수가 없고, 혼자서 감당하기가 너무
힘들어요. 괜히 이야기를 했다가 소문이 날 수도 있고요.
정말 너무 괴로워요. 다시 태어나고 싶다는 생각이 들 정도로요.
학교에 가면 아무것도 모르는 친구들이 부럽기도 하고 제 자신이
부끄러워요. 결혼은 다른 사람과 할 확률이 더 높잖아요.
그때에는 남편 얼굴을 어떻게 들고 봐야 할지,
부모님한테 죄송스럽기도 하고요. 혹시 병엔 걸리지 않았을까
하루하루 너무 고통스러워요. 생각보다 심적 부담이 너무 크네요.
'난 이제 처녀가 아니다.'라는 생각들…… 어떻게 해야 할까요.

현재 그 오빠와의 관계가 어떻게 됐나요? 경험하기 전에야 호기심 반, 사랑 반으로 생각하고 성관계를 경험했지요. 지금은 그 이후에 오는 과정을 겪고 있고요. 성 경험이 있냐 없냐 보다는 그 경험에서 어떤 교훈을 얻었고, 앞으로 어떤 방향을 갖고 갈 것인지가 중요합니다. 이런 경험을 하고 치열하게 고민하는 과정을 통해 우리는 성장해 갑니다. 이미 일어난 일을 가지고 지나치게 고민하는 것도 잘하는 일은 아닙니다. 임신은 안 됐으니 정말 다행입니다. 피임을 했고, 서로 좋아서 동의하고 했다면 좋은 출발입니다. 책임감 있고 진실했던 관계이지요. 성인이라도 그러지 못하는 사람들 많습니다. 피임도 안 하고, 술김에, 얼떨결에, 동의도 없이 그렇게 성관계를 해 버립니다. 이런 어른들보다 친구가 훨씬 훌륭합니다.

여자든 남자든 살아 있는 생명입니다. 몸의 느낌이 있고 사랑의 감정도 있는 존재예요. 사랑에는 성도 같이 가기 마련이지요. 사실 많은 성 문제가 성과 관계, 감정을 떼어 놓고 보는 문화에서 나옵니다. 그래서 성 문화가 이렇게 뒤틀리는 거예요. 살다 보면 성적인 욕구에 따라 준비 없이 일을 벌이는 경우도 있어요. 그런 것이 사람이에요. 청소년기에 성관계를 했다고 해서 친구의 성이 결정되는 것이 아닙니다. 순결하지 않은 사람도 아니에요. 안 좋은 성 경험이 있더라도 더 나은 성으로 한 걸음 한 걸음 걸어가면 됩니다. 사람이 아름다운 것은 실수하지 않아서가 아니라 잘못을 고치려고 노력하기 때문입니다. 그래서 사람을 평가할 때 결과보다는 과정을 봐야 합니다. 다른 친구들보다 조금 일찍 경험했기 때문에 생소하고 이상한 생각이 들겠지만 앞으로 다른 친구들도 다 경험할 일입니다. 모두에게 처음은 있기 마련이니까요. 성관계는 해 봤으니 호기심과 미련을 다 버리고 일상생활, 나에게 주어진 일을 성실하게 해 나가세요. 진지하게 인생을 생각해 보고 앞날도 계획하면서 자신을 회복하세요. 지금부터 마음잡고 밝게 사는 것이 더 중요합니다. 마음만 바꾸면 걱정할 일이 하나도 없어요. 자신을 더욱 사랑하면서요.

순결을 잃었다는 생각에
마음이 너무 힘들어요.

고등학생 2학년 여자인데요. 1년 넘게 사귄 남자 친구와
몇 달 전부터 꽤 깊은 스킨십까지 나갔습니다.
실제 성관계까지 갈 뻔했던 적도 있어요. 남자 친구가 살짝 질에
손을 넣은 적도 있는데 그때 피가 났습니다. 진짜 쪼금이었고
지금은 괜찮아요. 저도 호기심에서 했지만 하고 나니 찜찜합니다.
아직 성인도 아니고 지금 남자 친구랑 결혼도 안 할 건데
이렇게까지 해도 되나 싶어요. 제가 더럽게 느껴져요.
제가 올바르지 못한 행동을 한 걸까요?

ANSWER | 순결의
기준 세우기

남녀노소에 상관없이 모든 인간은 성적인 존재입니다. 나이와 성별, 성격
과 가치관에 따라 표현하는 모습이 모두 다르지요. 사춘기를 지나고 고등
학교 2~3학년이 되면 내, 외부 생식기 등 몸이 거의 다 완성됩니다. 성관계
욕구도 있고 스킨십도 하고 싶죠. 이러한 욕구는 건강하고 정상적입니다.
다만 나의 상황과 준비 정도, 상대방과의 관계 등을 고려해서 선택하면 됩

니다. 스킨십을 통해 서로가 행복해야 합니다. 친구가 지금 괴로운 이유는 처녀막 위주의 순결관 때문입니다. 순결관부터 살펴봅시다.

처녀막은 왜 처녀막일까요? 처녀막을 기준으로 순결을 보는 관점은 인류 역사와 밀접한 관련이 있습니다. 1만 년 전부터 사람들이 농경 생활을 시작하고 정착하면서 잉여 재산이 생겼습니다. 더 많은 재산과 영토를 차지하기 위한 전쟁이 시작되고 도시 제국이 생겨났지요. 축적된 재산이 많아지면서 상속 문제가 대두되고 유산 상속을 위해 친자식을 확인하는 일이 중요해졌습니다. 이런 배경 속에서 친자식을 확인하는 방법으로 처녀막 순결관이 탄생했습니다. 현재의 순결관은 재산 상속과 관련하여 형성되었으며 지배자의 관점으로 볼 수 있습니다.

결혼 전에 성관계를 하면 순결을 잃는다는 순결관은 우리의 성을 어둡게 만들고 있습니다. 남자와 여자 모두 이 순결관에 매여 있습니다. 이런 기준이라면 성폭행 피해자들은 어떻습니까? 순결하지 않나요? 아닙니다. 이런 기준을 깨고 휘둘리지 않으려면 친구 스스로 치열하게 고민해야 합니다. "혼전에 섹스해도 좋을까? 안 좋을까?"는 자기 스스로 결정해야 합니다. 혼전 성관계를 후회하지 않는 사람도 많고, 혼인 관계 안에서 성관계를 했더라도 엉망으로 사는 사람들 많습니다. 여러 가지 이유로 결혼 후에 첫 성관계를 하는 데에 가치를 두고 지키는 사람들의 선택도 있습니다. 다만 자기 느낌과 감정, 생각에 충실하고, 나의 몸과 생명에 대한 대비를 한다면 상처나 후회가 없습니다. 철없던 행동이라고 생각되더라도 자각하고 성장하면 됩니다. 다른 사람들의 기준으로 나를 평가하면 괴롭고 강박증이 걸립니다. 처녀막 위주의 낡은 순결관을 정리합시다.

이제 고등학교 2학년. 성인다운 삶을 준비해야 합니다. 내 삶을 하루하루 창조하기 위해 지식을 활용하고 자기 기준을 세워야 합니다. 성도 마찬가지입니다. 내 느낌과 감정, 생각으로 성을 바라보고 중심을 잡아야 합니다. 주체적이라면 실수를 하더라도 발전하고 성숙할 수 있습니다. 남자, 여자 똑같이 순결을 논해야 합니다. 처녀막이 아니라 관계의 질, 즉 상대방에게 얼마나 진실하고, 성실한지가 기준입니다. 순결관 하나만 제대로 세워도 성이 확 밝아집니다. 남자와 여자 모두 과거에서 자유로워질 수 있습니다.

낙태했어요.

12월 20일 관계를 맺었고, 1월 15일 임신 사실을 확인했습니다.
둘 다 학생이고, 호감만 있는 정도였기 때문에 중절 수술을
선택했습니다. 이 결정에는 후회가 없어요. 그 시간으로
돌아가도 이것 말고 다른 방법은 없었을 거라고 생각해요.
하지만 제 잘못된 행동 때문에 사람을 죽였다는 생각이
저를 괴롭힙니다.
남자애는 부담스럽다면서 제 연락을 피하고 있습니다.
사실 얼마 전까지는 정신이 없었는데 자꾸 초음파 당시 봤던
아기집 사진이 생각나고 꿈에서 아기가 나옵니다.
꿈이 기억나지 않는 날에도 괴로운 감정으로 눈을 뜹니다.
일상생활이 점점 힘들어져서 무섭습니다. 아무렇지 않다가도
멍을 때리고 잠을 자고 싶고, 임신해서 배가 부른 제 모습이
떠오르고……. 이렇게 상담글을 남긴다고 뭐가 달라질까요?
점점 힘들어지는 상황이 무서워서 조금이라도 나아지고 싶다는
생각에서 이렇게 글을 남겨 봅니다.

안녕하세요. 반갑습니다. 상담으로 남긴 글자와 글자, 문장과 문장 사이에서 아파하고 힘겨워하는 님의 모습이 그려집니다. 조금이라도 도움을 받고자 오신 님께 작은 용기와 힘, 지혜를 보태 드리고 싶은 마음입니다.

무엇보다 힘겨운 와중에 상담을 하고, 자신의 상처와 감정을 피하지 않고 마주하는 님의 용기에 박수를 보냅니다. 님께서 이렇게 상처와 감정을 마주하고 앞으로 가신다는 것은 님께서 환경이 꺾을 수 없는 힘, 희망, 생명력이 있는 분이라는 증거입니다.

그냥 시간이 간다고 문제가 해결되지 않습니다. 해결하지 않은 물음과 혼란은 어떤 식으로든 님을 괴롭힐 수 있지요. 이후에 연애나 사랑, 가정과 임신에도 말이죠. 분명 상담도 필요하고, 시간도 필요한 일입니다. 누군가에게 나의 이야기, 감정을 표현하는 것만으로도 큰 힘이 됩니다. 다른 사람에게 이야기하는 자체로 풀기도 하고, 나의 상황을 한걸음 물러나서 객관적으로 생각해 보는 계기도 되고요. 치유를 향한 첫 단추를 잘 꿰셨습니다. 전문 상담도 받으시고, 주변에 님을 지지하고 도와줄 수 있는 사람들을 찾아보세요. 분명 있을 거예요.

아이에게 미안한 마음. 한번에 지워지지 않을 것입니다. 3년, 5년, 10년 뒤에도 불쑥 떠오를 수 있겠지요. 당연합니다. 정상적인 마음이에요. 아예 없애려고만 하지 마세요. 사람들이 저마다의 아픔을 딛고, 안고 살아간다고 생각해 보세요. 너무나 고통스럽지만 거쳐야 할 시간이기도 합니다. 마음이 아픈 것, 고통을 느끼는 것도 우리 삶의 일부분이며, 정당하고 건강한 감정입니다. 슬픔이 있을 때 함께 울지 못하는 것만큼 큰 비극이 있을까요? 고통을 지우는 것이 아니라 고통이 있더라도 내 삶을 살아가는 것이죠. 충분한 애도의 시간도 보내시기 바랍니다. 아이를 보내는 의식을 가져도 좋겠습니다. 추모제가 될 수 있겠지요. 아기에게 편지를 써도 좋고, 음악을 들려주며 미안하다는 말과 함께 아픔을 나누는 것도 좋습니다. 고통을 없애기보다는 고통이 있더라도 하루하루를 잘 살아 내려고 노력하겠다고 마음먹으세요.

일상생활이 점점 힘들어지신다고요. 우선 낙태를 했기 때문에 당분간은 무리하지 마시고 몸조리를 잘 하시길 바랍니다. 가능한 휴식을 취하시고, 처방받은 약도 다 잘 드시고요. 임신 중절 후 몸조리에 대해서는 병원에서 안내를 받으셨나요? 탕 안으로 들어가는 것은 최소 보름 정도 지나서 하시고요. 몸을 따뜻하게 할 수 있도록 신경써 주세요. 성관계는 수술 후 적어도 다음 월경까지, 몸뿐만 아니라 마음까지 회복된 이후면 좋겠습니다. 생리 주기가 안정적으로 돌아올 때까지는 성관계하지 않으시길 바랍니다. 간혹 임신 중절 이후에 바로 임신을 하는 경우도 있습니다. 피임 계획도 철저히 하시기 바랍니다. 경구 피임약을 드시길 권해 드립니다. 경구 피임약은 처방전에 따라 제대로 복용한다면 안전하고 높은 피임 효과를 기대할 수 있습니다. 피임은 단지 원하지 않는 피임을 막는 것뿐만이 아니라 여성이 원할 때 건강하게 임신과 출산을 계획한다는 의미도 있습니다. 성관계의 걸림돌이 아니라 안전한 섹스를 위한 도구예요. 똑똑한 섹스가 좋은 섹스입니다.

미역국, 홍합국, 두부, 백김치, 생선, 호박나물, 무나물 등 담백한 식사가 좋습니다. 유제품, 수입 고기, 빙과류, 아이스크림, 청량음료, 과일주스 등은 몸을 붓고 처지게 만들어서 안 좋습니다. 미지근한 물을 자주 마셔 주세요. 몸이 건강해야 마음도 건강할 수 있지요. 회복할 힘도 생기고요.

상담을 잘 받으시고요. 일기도 써 보시기 바랍니다. 글도 좋고, 그림도 좋습니다. 감정을 쏟아 놓고, 일기가 쌓여 가면서 마음이 많이 편해진 자신을 보시게 될 거예요. 앞으로의 방향도 보이고요. <안녕, 누구나의 인생 - 상처받고 흔들리는 당신을 위한 뜨거운 조언>이라는 책을 추천해 드리고 싶습니다. 두 번째 글이 '진짜 치유'라는 글인데요. 똑같은 상황은 아니지만 유산을 겪은 사람의 이야기입니다. 읽어 보시면 좋겠어요.

부모님께
성관계를 들켰습니다.

도와주세요. 저는 열아홉 살 고3 학생입니다.
한 살 연상인 대학생 남자 친구를 너무 좋아하고 사랑해서
피임을 하고 성관계를 여러 번 가졌습니다.
근데 엄마가 경구 피임약을 발견하셔서 성관계를 한 사실을
알게 되셨어요. 혼날 거라고는 생각했지만 부모님 폭언이 너무
심합니다. 저보고 "걸레냐, 쉬운 여자다."라고 하세요.
제가 그렇게 더러운 일을 한 건가요? 너무나 수치스럽고
부모님과 같은 공간에 있기가 힘들어요.

 ANSWER | 어른이 될
시간

순결의 기준이 무엇일까요? 혼전에 성관계를 했는지, 몇 명과 성관계를 했
는지가 기준일까요? 아니면 책임과 배려, 즐거움이 있는 관계가 기준일까
요? 스스로 생각하는 순결에 비춰서 자신의 행동을 판단해 보세요. 저는
님이 정말 대단하고 멋지다고 생각해요. 순결이라는 게 있다면 님이 순결
하다고 생각해요. 진짜 좋아하고 사랑하는 사람하고 기쁜 마음으로 성관

계를 했고요. 거기에 피임까지 했어요. 자기 몸과 미래를 책임지는 성숙한 태도라고 생각해요. 어떤 피임이 좋을지 고민하고 공부하고, 실제로 준비했고요. 저는 첫 성관계를 하려는 친구들한테 이렇게 하라고, 님을 보고 배우라고 이야기해 주고 싶을 정도예요. 진심으로요. 결혼한 어른들도 이렇게 성관계 안 해요. 이렇게 피임 준비 안 하고요. 사랑도 없고 배려도 없이 섹스하고요. 외도, 성매매가 만연해요.

부모님의 가치관에 맞지 않는 행동을 했다고 해서 모욕적인 표현까지 정당한 것은 아닙니다. 부모님이 한 말은 잘못된 성 문화와 왜곡된 성 가치관에서 나오는 표현들입니다. 가족들에게 이런 말을 듣고 감정을 추스르기가 쉽지 않을 것입니다. 그래도 이런 말이 힘을 갖지 않도록 내가 나를 더럽게 느끼지 않겠다고 선택하세요.

드라마 <프로듀사>에서 김수현(백승찬 역)이 아이유(신디 역)에게 했던 말을 들려 드리고 싶네요.

"어디서 들은 이야기인데, 나를 헐뜯는 말은 독이 묻은 화살 같은 거랍니다. 그렇지만 다행히 뒤에 숨어서 하는 말은 힘이 없어서 그 화살이 내 가슴을 뚫지는 못한대요. 그런데, 가장 어리석은 행동은 땅에 떨어진 그 화살을 주워서 내 가슴에 찌르는 거죠. 맞지 않아도 되는 화살을 맞고, 받지 않아도 되는 상처를 받고. 신디 씨는 그러지 않으셨으면 좋겠습니다."

부모님과 적극적으로 싸우는 것이 최선의 방법은 아닙니다. 부모님의 말이 얼마나 큰 상처가 됐는지를 편지에 써서 전달해 보세요. 님의 생각과 소신을 알려 주시고요. 가족 구성원으로서 역할은 하고 부모님의 말에 동의할 수 있는 부분은 귀 기울이는 태도를 보여 주세요. 여기까지가 님의 몫입니다. 가치관이 달라지기는 어렵기 때문에 부모님이 바뀌지 않고 사과를 하지 않을 가능성은 높지만 님의 생각은 밝혀야 합니다.

이제 어른이 될 시간입니다. 내년이 되면 법적으로도 성인이 됩니다. 성인답게 부모와의 관계도 바뀌어야 합니다. 무조건적인 보호와 절대적으로 우위에 있던 부모와 자녀 관계를 끊고, 성인 대 성인으로 서로 존중하고 독립적이어야 합니다. 어른은 부모에게 받아야 했던 일들을 스스로에게 줄 수 있는 사람입니다. 스스로의 행복과 건강을 위해서 자신에게 필요한 것을 생각하고 마련해 주세요. 내가 나의 부모라면 어떤 조치를 취해야 할까? 어떻게 도와줘야 할까? 생각해 보면 방향이 선명해질 수 있습니다. 경제적, 정서적 독립도 필요합니다. 무작정 참고 기다리는 게 아니라 언제 어떻게 독립할 것인지 계획을 세우고 준비하면, 부모님과 살면서 겪는 힘든 상황을 좀 더 여유 있게 지낼 수 있습니다. 안내해 드린 내용을 참고하셔서 최선의 선택을 하시기 바랍니다. 가장 중요한 것은 어느 순간에도 내가 더럽지 않다는 것을 잊지 않는 마음입니다.

딸이 성관계했다는 사실을
알게 됐어요.

고3 딸이 첫 경험을 했다는 걸 알게 됐습니다.
평상시 진짜 좋아하는 사람이랑 관계를 해야 하고, 최소한
학생일 때는 경험을 안 했으면 좋겠다고 했는데 별 소용이
없었나 봅니다. 너무 흥분해서 딸을 야단치고
상대 남학생도 불러서 다시는 서로 연락하지 말라고 했습니다.
일단 둘은 헤어지기로 했지만 딸과의 관계를 어떻게 풀어야 할지
모르겠네요. 핸드폰을 압수하고 계속 감시할 수도 없는 일이고요.
딸이 성관계를 하고 다닌다는 생각이 머릿속을 떠나지 않습니다.

🎙 ANSWER | 부모와 자녀에서,
성인과 성인으로

딸아이에 대한 실망감, 불안감, 걱정 등 온갖 복잡한 감정이 휘몰아치듯 왔을 텐데요. 부모 입장에서는 딸의 성관계가 하늘이 무너지는 상황일 수 있습니다. 하지만 고3이면 신체적으로도 완성 단계인 상황에서 성관계 욕구가 생길 수 있습니다. 피임을 준비했으며 두 사람이 동의했다면 큰 문제 없습니다. 사실 이 정도만 해도 훌륭합니다. 성인이라도 자신의 욕구만 내세

우거나, 피임에도 무책임한 사람들이 많습니다.

내년이면 성인이 되는 딸과의 관계가 바뀌어야 합니다. 부모와 자녀에서, 성인 대 성인으로 서로 존중하고 독립적인 존재로 바뀌어야 합니다. 성생활은 딸의 사생활이지요. 실제로 어디까지 기대할 수 있는지, 딸에게 어떤 성 비전과 가치를 주고 싶은지 생각한 다음에 대화해야 합니다. 차선이지만 지금이라도 계획을 세워서 다시 이야기 나눠 보세요.

이제 내년이면 딸은 성인이 됩니다. 자신이 선택하고 스스로 책임을 지며 경험하고 성장해야 합니다. 아이를 24시간 감시하지 않는 이상, 성관계를 100% 막을 방법은 없습니다. 할 수 있다고 하더라도 옳지도 않고 말도 안 되는 일이죠. 현실적인 목표로 수정해야 합니다. 성관계하지 않는 딸이 목표가 아닙니다. 딸이 성숙한 성인으로서 책임감 있고 풍성한 성관계를 누릴 수 있도록 지지하겠다고 목표를 재설정하시기 바랍니다. 성인이면 독립된 존재로 자기 몸과 성의 주인답게 선택하고 책임을 지게 하세요.

성관계를 할 때 반드시 지켜야 할 부분들도 짚어 주세요. 피임부터 성병, 임신까지 성관계 후에 생길 수 있는 일을 대비해야 합니다. '피임 없는 성관계는 없다.'는 원칙도 세워야 합니다. 성관계를 원하지 않는다면 거절할 때 상대방에게 미안할 필요 없습니다. 여성도 자신의 몸, 생식기 구조를 잘 알고, 자신이 원하는 내용을 남자에게 자신감 있게 요구할 수 있습니다. 따님 스스로 공부하면서 어떤 성의 주인공이 될 것인지 계획과 방향을 갖고 있어야 합니다. 자기 기준이 있으면 거기에 맞춰 행동합니다. 중간에 넘어지거나 멈추더라도 방향을 잃지 않고 가면 됩니다. 이번 일로 따님의 성, 순결성이 결정된 것이 아닙니다. 더 나은 성, 멋진 성의 주인공으로 살아가는 길 위에 있을 뿐입니다. 우선 딸의 이야기를 먼저 듣지 않은 점을 사과하신 다음 안내해 드린 내용으로 대화를 이어 가시기 바랍니다.

부모님이
성관계하는 것을 봤어요.

저는 중학교 3학년 여학생입니다.

지난달에 우연히 엄마 아빠가 성관계하는 걸 보게 됐어요.

이때는 그럴 수도 있다고 생각하고 넘어가려고 했거든요.

그런데 이번 주에 더워서 다같이 TV를 보다가 거실에서 잠이

들었는데 아빠가 엄마를 깨워서 방으로 들어가더라고요.

또 성관계를 하신 것 같아요. 혹시 아빠만 원하고 엄마는 성관계를

별로 원하지 않는 거 아닐까요? 아기를 만들려고 성관계를 맺는

건데 왜 지금도 하시는 거예요? 사랑한다고 하지만 사랑을 꼭

그걸로 표현해야 하는 것도 아니잖아요. 엄마 아빠가 음란물에

나온 그런 걸 한다고 생각하니 아빠랑 살이 닿는 것도 싫습니다.

어쩌면 좋아요?

 ANSWER | 부부의
사생활입니다.

부모님이 성관계를 하신다면 "엄마, 아빠 사이가 좋구나." 정도로 생각하

고 넘어가세요. 부부는 누구보다 가까운 관계입니다. 부부는 서로 힘들 때

는 격려하고 슬픔과 기쁨, 성도 함께 나눕니다. 성관계는 아기를 낳기 위해서만 하는 일이 아닙니다. 그 자체로 부부가 누릴 수 있는 기쁨이자 즐거움이지요. 남자뿐만 아니라 여자에게도 큰 즐거움이지요. 물론 아빠는 원하는데 엄마는 원하지 않을 때가 있습니다. 반대로 엄마는 원하지만 아빠가 거절할 수도 있습니다. 그때는 상대방의 의사를 존중해서 안 하면 됩니다. 서로 조율할 수 있는 방법도 많습니다. 성관계도 관계이기 때문에 기본적으로 좋은 관계에서 즐거운 성이 완성됩니다. 서로 다른 욕구와 타이밍을 조절하는 기술도 필요합니다. 야동하고 부부 성관계를 연관시키면 안 돼요. 음란물의 내용과 일반 남자, 아빠라는 존재는 분리해 주세요. 부부의 성관계와 음란물의 성관계는 다릅니다. 행위는 비슷할지 몰라도 성관계의 맥락, 관계가 다릅니다. 음란물에는 여자의 몸, 건강, 사랑, 관계가 다 빠져 있습니다. 성을 제대로 다루는 게 아니라 사람들을 시각적으로 자극해서 돈을 벌려는 것밖에 안 돼요. 폭력이 난무하고 잔인합니다. 이런 음란물을 부부의 성과 같은 맥락에서 생각하면 안 되는 거예요. 음란물은 조작된 상황과 이미지기 때문에 실제 관계, 사랑 위에 있는 성관계와 분리해 줘야 합니다. 성관계는 부모님의 사생활이기 때문에 다른 사람이 관여할 문제가 아닙니다. 서로 사생활을 지키는 노력이 필요합니다.

엄마 아빠의 그 장면을
보고 말았습니다.

안녕하세요. 중2 여학생입니다.

시험 기간에 공부를 하다가 화장실에 들어간다는 게

그만 진짜 실수로 안방 문을 열었습니다. 와 진짜…….

딱 문을 열었는데 와……. 정말 오마이갓이었습니다.

웩~ 토 나와요. 어떡하죠? 정말 부모님 대하기가 껄끄러워요.

답변 부탁드려요.

 ANSWER   예쁘고
                                        사랑스럽게

그냥 예쁘게, 사랑스럽게 봐 주세요. 놀란 가슴 가라앉히시고 찬찬히 생각
해 보세요. 부부가 싸우고 헤어지는 일도 많은데 부모님이 화목하게 살고
계시니 얼마나 좋아요? 겉으로는 화목한 것 같아도 성생활이 불만족스러
운 사람들이 얼마나 많은데 부모님은 재미있게 사시니 그것 또한 얼마나
다행한 일이에요. 생각을 조금만 바꿔 보면 아주 든든하고 만족할 만한 일
이에요. 가정에서 부부가 사이가 좋을 때 모든 것이 잘 풀리는 법이에요.
부부 관계에서는 즐거운 성생활이 아주 중요한 것이고요. 여기에서 모든

힘이 흘러나온다고 해도 과언이 아니랍니다.

그래도 징그럽다고요? 그럴 수 있어요. 한창 예민한 시기에 그 장면을 보았으니 놀라긴 엄청 놀랐을 거예요. 우리는 지금까지 부모님의 성을 생각할 때 주로 생명과 사랑만을 생각해 왔어요. 사랑해서 결혼했을 것이고, 결혼해서 우리를 낳았을 것이고…… 그다음은요? 말해 준 적도 없고 물어본 적도 없겠지요. 즐거움, 쾌락은 어떻게 생각하나요? 쾌락의 성까지 생각해야 온전한 성이 된답니다. 몸으로 하나가 되는 것은 아주 즐거운 일입니다. 이제 부모님은 아기도 다 낳았고, 긴 세월 은근하게 만들어 가는 사랑도 터득했을 테고요. 부모님은 그렇게 즐거운 시간을 보내고 있던 참이었어요. 부부가 긴 세월을 함께 살면서 서로가 지치지 않고 아껴 주려면 성적으로도 재미있게 살아야 하는데, 성 이야기는 왠지 껄끄럽게 생각하고 있어요. 이제 우리 사회는 성매매, 성폭력이 아니라 일상의 성을 성 문화의 중심이 되도록 해야 합니다. 마땅히 축복받고 즐겨야 할 부부의 성을 냐두고 음란물이 쾌락의 모델로 자리 잡게 해서는 안 됩니다. 가정도 자녀 중심에서 부부 중심으로 무게가 옮겨져야 합니다. 부부의 성은 생명, 사랑, 쾌락이 다 들어 있는 풍성한 성생활이기 때문입니다. 부부들이 어떻게 즐기며 살 것인가가 제일 중요한 화두가 되어야 합니다. 그래야 음란물이 힘을 잃고 유흥업소도 줄어들고 가정도 지킬 수 있습니다. 너무 거창한 이야기까지 나왔는데 부부의 성은 정말로 축하해 줄 아름다운 성이에요. 마음 정리하시는 대로 그날 일을 예쁘게 봐 드리기로 했다고 웃으며 말하세요.

중학생 딸이
부부 관계를 보고 화가 났어요.

오늘 아침 중학생 딸아이가 성관계 소리를 들었다며
제정신이냐고 화를 냈습니다. 울기까지 하더라고요. 처음에는
미안한 마음이 있었는데 엄마, 아빠한테 함부로 이야기하니까
민망하고 괘씸한 마음이 듭니다. 부부 관계가 잘못된 일도 아니고,
중학생이나 됐는데 이렇게 충격받을 일인지도 잘 모르겠어요.
저희 딸이 너무 예민한 것 아닌가요?
앞으로는 각별히 주의하겠다고는 했지만……. 눈치가 보여서
성관계도 자연스럽게 못 하겠네요. 이 상황을 어떻게 대처해야
할까요?

 ANSWER | 부부의 성과 음란물의 성을
분리해 주세요.

부모의 성관계 모습은 아이 눈에는 충격적인 장면입니다. 부모님이 성관
계를 한다고 생각하는 것과 그 상황을 직접 목격하는 것은 전혀 다른 일이
지요. 어린아이들은 성관계하는 부모를 보고 싸운다고 생각하는 경우까지
있습니다. 아이가 음란물을 봤다면 부모의 성관계에 음란물에서 본 퇴폐

적인 영상과 느낌을 투영해서 더 과하게 반응할 수 있습니다. 강간과 폭력, 왜곡된 성이 난무하는 음란물의 성관계를 부모가 한다고 생각하면 얼마나 끔찍하겠어요.

우선 따님에게 사과하세요. 사과의 이유가 중요합니다. 많은 부모님들이 성관계 자체를 미안해하거나 죄스러워하는 경우가 있습니다. 부부 관계는 당당해야 합니다. 굉장히 중요한 관점입니다. 다만 성관계는 사적인 행동이고 다른 사람한테 보여 줄 일이 아닙니다. 그래서 미안한 것입니다. "놀라게 해서 미안해."가 정답입니다. 그다음 성관계를 부정적으로 생각하는 이유를 물어보세요. 잘못 알고 있는 부분은 없는지 점검합시다. 음란물의 성과 부부의 성을 구분해 주세요.

> "부부는 서로 사랑하고 존중한단다. 성관계로 맺어지는 생명이라는 결과도 함께 책임지는 관계지. 성관계는 두 사람이 하나라고 느끼게 해 줘. 부부가 누릴 수 있는 즐거운 몸의 대화이니까 네가 부정적으로 느끼지 않았으면 좋겠어. 음란물에서 나오는 성관계하고는 완전 차원이 다른 거야. 절대로 같은 느낌으로 생각하면 안 돼."

다음부터는 문을 꼭 잠그겠다고 약속하시고요. 안방은 부부의 공간이기 때문에 딸도 노크해야 합니다. 부모가 아이 방에 들어갈 때도 마찬가지입니다.

새 시대의 성 - 여성 리더십

저명한 인류학자인 헬렌 피셔는 「제1의 성」에서 '욕망의 여성화'를 제시했습니다. 직장, 가족 제도, 출산 등 모든 영역이 여성화되고, 여성 리더십이 조명받는 시대입니다. 성적인 영역도 마찬가지입니다. 이런 시대 흐름 속에서 성의 주인이 되기 위해서는 두 가지 단계가 필요합니다.

첫 번째, 자신의 성적 욕망을 당당하게 인정하는 단계입니다. 여성은 자기 몸을 탐구하고 느낌과 욕망을 표현하여 파트너와 함께 더 깊은 오르가즘을 향해 가야 합니다. 이것이 우리의 시대에 맞는 '욕망의 여성화'입니다. 자위행위도 좋습니다. 음핵 반응과 쾌감을 알고 기쁘게 이끌어 갈 수 있는 여성이 됩시다. 자신의 성적 욕구를 죽이거나 죄책감을 가지지 말고 욕망하세요. 모두를 위해 더 깊은 쾌락으로 나가야 합니다. 여성은 자기 몸을 공부하고 성욕을 인정하면 됩니다. 자기 이해를 바탕으로 성을 리드하고 새로운 문화를 만들어 갑시다.

두 번째, 성 문화의 본질 알기. 현대 성 문화의 본질을 알아야 더 좋은 방향으로 갈 수 있습니다. 현재 성 문화는 남성 성욕 해소만을 위해서 성과 사랑, 섹스와 사랑, 결혼과 성을 분리했습니다. 여성을 정조를 지키는 순결한 여성과 쉽게 가지고 놀 수 있는 매춘 여성, 걸레 같은 여성으로 나눠 버렸습니다. 현대의 성은 지배와 정복의 성입니다. 전쟁이 일어난 곳곳마다 강간이 성행하고, 많은 사람들이 지배력을 남성다움으로 착각했습니다. 많은 성적 판타지가 지배와 관련되어 있습니다. 성폭행·성희롱은 성욕을 푸는 행위가 아니라 권력과 물리적 힘, 돈을 이용한 힘의 행사입니다. 더 나아가 음란물은 여성 생식기의 깊이와 의미를 담아내지 못하고 구멍으로 축소시켜 버립니다. 여성에게는 밖에서 보이는 질 입구만 있는 게 아닙니다. 여성의 질과 자궁, 난소와 나팔관은 생명을 창조하는 기관이자 최고의 쾌락을 선물하는 신비의 동굴이며 보배로운 연못입니다. 거기다 클리토리스(음핵)라는 훌륭한 성감대도 갖고 있지요.

여성 자위, 어떻게 할까?

① **여성도 자위를 합니다.**

물론 하지 않는 사람도 있습니다. 각자 선택하면 되는데요. 아직까지도 여자는 성을 잘 몰라야 하고, 공부하거나 아는 체를 하면 밝히는 여자가 됩니다. 자위를 하면서 불필요한 죄책감을 느끼기도 하고요. 죄의식을 느끼면서 급하게 하는 자위가 제일 나쁩니다. 자위는 자신의 몸, 성감대를 알 수 있는 좋은 방법입니다. 어느 유명인이 말했던 것처럼 제일 사랑하는 사람, 자신과의 섹스가 될 수 있어요. 섹스는 질-음경 삽입만이 아니라 사랑하는 감정과 성적인 감각이 있는 모든 과정이라고 생각해요. 자위는 그 자체로 훌륭한 성생활이고, 제대로만 한다면 이후에 파트너와의 성관계에도 도움이 됩니다. 생리를 배우듯이 여성의 성감대, 자위에 대한 정보도 쉽게 접할 수 있어야 합니다. 자위는 잘하면 됩니다.

② **여성의 몸, 성감대를 잘 알아야 합니다.**

남자가 하는 자위법을 여자한테 적용하려고 하면 문제가 생깁니다. 여자는 여자에게 맞는 자위법으로 해야지요. 그래야 자기 성감대도 잘 알고, 성생활을 즐기고 파트너에게도 알려 줄 수 있어요. 우선 여자에게 최고의 성감대는 '음핵'입니다. 영어로는 '클리토리스'라고 하는데요. 여자 남자 생식기를 다 통틀어서 성감만을 위한 유일한 기관이에요. 음핵을 만지면 성적인 흥분이 오고, 금방 발기가 됩니다. 성적 자극이나 성적 흥분을 받으면 여성 생식기에 혈액이 들어찼다가 이완되면서 쾌감이 느껴지거든요. 이게 발기랍니다. 음핵은 물론이고 대음순, 소음순에도 혈액이 찹니다. 눈에 보이는 외부 생식기 뿐만 아니라 내부 생식기 전반에도 혈액이 들어옵니다. 자궁도 발기가 되요. 자궁이 평소에는 배 쪽으로 약간 기울어져 있는데, 성적으로 흥분을 하면 자궁이 커지고 위로 섭니다. 삽입이 잘 될 수 있도록 질에서 윤활액도 나오고 정액이 잘 모일 수 있도록 질이 깊어져요. 심장이 빨리 뛰고 혈압이 올라가고, 유방도 커지고 유두도 커져요. 성적으로 흥분하면 이런 일들이 벌어지는 거예요.

③ 생식기를 만지는 방법은 그때그때 달라요.

내가 하고 싶은 대로 하면 됩니다. 손가락으로 문질러 줄 수도 있고, 손바닥으로 생식기 전반을 뭉근하게 눌러 줄 수도 있어요. 깨끗한 손으로 상처나 통증이 느껴지지 않을 정도라면 방법은 자유롭게 하면 됩니다. 음란물을 끄는 것이 제일 중요해요. 음란물을 보면서 자위를 하면 내 감각을 잘 느끼지 못하고, 영상 속도에 맞추게 됩니다. 자위하면서 나의 반응, 내 느낌을 잘 느껴야죠. 음란물 보면서 자위하는 건 주체적인 성생활이 아니에요. 성적 판타지도 중요합니다. 원하는 성관계를 상상하면서 하는 자위는 파트너와의 성관계를 위한 좋은 리허설이 될 수 있어요.

④ 삽입 자위보다는 음핵 자위를 추천합니다.

여성은 처음부터 질 내 삽입으로 쾌감을 느끼기가 어렵습니다. 여성 성감대는 클리토리스와 질 입구 쪽에 많이 몰려 있어요. 질에 딱딱한 물건을 넣으면 상처가 날 수 있기 때문에 가능한 물건은 넣지 말아야 하고요. 깨끗한 손으로 자극해 보시기 바랍니다. 나의 생식기 감각을 잘 알고 파트너에게 잘 알려 주세요. 특히 질-음경 삽입을 할 때도 음핵, 질 입구 쪽이 자극을 받을 수 있도록 애무하고 체위를 조정하면 더욱 좋습니다.

⑤ 유쾌! 통쾌! 자위 가이드라인

- 죄책감 없이 한다.
- 제일 편한 시간에 방해받지 않는 장소에서 불안하지 않은 마음으로 자위한다.
- 내 감각을 방해하는 음란물은 끄고 성적인 상상을 이용한다.
- 깨끗한 손으로 나의 성감대를 자극한다.
- 내 몸의 변화, 느낌, 쾌락을 잘 느끼고 관찰한다.
- 자위가 다 끝나면 만족스러운 마음을 갖는다.
- 분비물과 뒤처리를 깨끗이 한다.

연애가 필요할 때

연애는 관계를 형성하는 중요한 경험입니다. 스킨십 문제에만 집중하여, 교제의 순기능을 간과해서는 안 됩니다. 좋아하는 감정을 표현하고 그 이후에 결과를 감당하는 과정도 소중합니다. 친밀한 관계에서 의견을 조율하고, 원하지 않는 상황을 상대방에게 잘 전달하는 훈련은 건강한 성인이 되는데 꼭 필요한 덕목입니다. 성 지식과 더불어 사랑하는 사람을 이해하는 법, 대화법, 감정을 알아 가는 연습이 중심을 잡아 줍니다. 성 충동, 성관계 위험성만이 아니라 서로를 알아 가는 방법, 아름다운 이별에 대한 모델이 필요합니다. 공감 능력과 대화 능력, 배려심이 있다면 연애를 잘할 수 있습니다.

스킨십과 성관계

사춘기 신체 변화는 5단계에 걸쳐 17~18세쯤 완성됩니다. 생식기가 완전히 성숙하여 건강한 생식 능력을 발휘할 수 있는 나이입니다. 성관계와 출산을 감당할 수 있을 만큼 튼튼해집니다. 쾌락적 측면, 건강의 측면에서도 이 나이 이후로 계획하는 것이 좋습니다. 몸이 다 자라지 않았을 때 임신, 출산, 임신 중절을 겪으면 몸의 변화와 후유증이 더 크기 때문에 더 신중해야 합니다. 임신을 하고 낳기로 결정했을 경우, 남학생은 계속 학교를 다닐 수 있지만 여학생은 학업을 중단할 가능성이 높습니다. 자신의 의지와는 상관없이 자퇴를 요구받는 일도 많습니다. 부당하지만 실제로 일어나고 있는 일들입니다. 성병, 임신 등 성관계를 하고 일어날 수 있는 상황에 잘 대처할 수 있는지 냉정하게 진단해 보세요. 첫 관계가 실수나 실패가 되지 않도록 잘 준비하겠다는 관점이 필요합니다. 성관계 후에 생기는 상황을 머릿속에 그려 봐야 그에 맞는 준비를 할 수 있습니다. 10대 때 성관계를 하더라도 당사자들이 이런 정보를 잘 알고 철저히 피임해야 합니다. 다른 사람들보다 늦는다고 아쉬워하거나 서두를 필요는 없습니다. 영혼과 몸이 성관계를 감당할 수 있을 때 사랑 안에서 첫 성관계를 시작합시다.

데이트 폭력을 예방하자

데이트 폭력은 성관계, 성행위, 스킨십을 강요하는 모든 말과 행동입니다. 물리적인 폭력 외에도 성관계나 특정 성행위를 거절하기 어렵게 만드는 태도, 피임을 거부하는 행동도 폭력입니다. 데이트 폭력은 단지 좀 거친 성관계가 아니라 명확하게 성폭력입니다. 데이트 폭력이라는 용어를 쓸 때는 데이트가 아니라 폭력에 방점을 찍어야 합니다. 남자 입장에서는 거칠고 밀어붙이는 행동이었더라도, 상대적으로 물리적 힘이 약한 사람에게는 굉장히 큰 위협이 됩니다. 목을 조르거나 칼을 휘둘러야만 폭력이 된다는 건 큰 착각입니다. 가해자의 논리이며, 폭력을 합리화하는 것입니다. 남성과 여성 모두 왜곡된 남성다움과 성관계 시나리오를 재정의해야 합니다.

성관계는 의무나 권리, 성취해야 할 목표가 아닙니다. 성관계는 철저하게 두 사람이 동의하고, 성관계 후에는 누구도 후회나 불편함이 없어야 합니다.

데이트 폭력을 예방하기 위해서 어릴 때부터 'No Menas No'의 의미를 철저히 익혀야 합니다. 1970년부터 네덜란드는' No Means No' 캠페인을 진행하여 여성의 거절을 그대로 받아들이는 문화를 확산시켰습니다. 상대방이 'No'라고 하면 'No'입니다. 부끄러워서 속으로는 좋은데 싫다고 하는 게 아닙니다. 적극적으로 동의하지 않고 가만히 있거나 우물쭈물하는 표정을 짓는다면 거절로 봐야 합니다. 당사자 사이에 커뮤니케이션이 정확해야 합니다. 자유롭게 거절할 수 있는 관계가 건강하고 평등한 관계입니다. 언어적 표현뿐만 아니라 눈빛, 말투, 신체 언어(바디랭귀지)를 읽는 훈련을 하고, 상대방이 조금이라도 싫은 내색을 보였을 때 바로 멈추는 절제력이 필요합니다. 성관계를 원할 때와 그렇지 않을 때를 명확하게 표현하려는 노력도 필요합니다. 성관계, 성생활에 대해 의견을 표현하는 걸 터부시하지 마세요. 당당하고 자신감 있게 말하세요.

연애와 SNS

청소년들이 교제를 하면서 몸 사진, 성행위 영상을 남기는 일이 많아졌습니다. 사진을 찍고 찍히는 데 익숙합니다. 채팅과 스마트 폰이 일상인 아이들에게 어쩌면 당연한 행동일 수 있습니다. 하지만 서로 동의했던 일이더라도 사진이나 영상이 한번 유출되면 다시는 되돌릴 수 없습니다. 클릭 한 번이면 사진이나 영상을 공유할 수 있고, 얼굴이 노출되면 평생 주홍글씨가 되어 따라다닙니다. 일부 남성들은 이런 영상을 편집해서 협박이나 복수하는 데 사용합니다. 실제로 최근 이런 영상들이 SNS와 음란 사이트를 통해 급속도로 확산되고 있습니다. 사춘기 때부터 아름다운 이별을 할 수 있는 사람으로 준비해야 합니다. 안전을 위해서 성적인 사진이나 영상을 찍거나 공유하지 않도록 하세요. SNS 역할과 부작용을 명확히 알고, 사용방법도 배워야 합니다. 관련 사례와 뉴스를 들으면 행동 방침을 가질 수 있습니다.

 What is sex?

① **정의**

본래 다양한 성적 행위를 아우르는 의미이지만, 주로 남성 성기와 여성 성기의 결합과 피스톤 운동을 가리킵니다. 성관계는 단순히 성기 간의 결합이 아닌 관계로 이해해야 성관계의 본질을 알 수 있습니다.

② 성관계는 '하는 것'

① 성관계는 주거나, 빼앗거나, 바치거나, 따먹거나, 정복하는 게 아닙니다.

② 무엇인가를 한다는 것은 예상하고, 준비하고, 책임지는 주체적인 행동입니다.

성관계를 '원할 때' 하고 싶다고 표현하는 것이 가장 좋은 방법입니다. 강요하거나 거절하기 어렵게 만들지 않고 상대방이 자유롭게 선택할 수 있도록 하는 태도가 중요합니다. 성관계를 누릴 수 있지만 그에 따르는 상황을 책임져야 할 의무도 있습니다. 스스로 원할 때 성관계를 가져야 하며, 성관계를 누릴 수 있는 권리와 책임질 의무가 있습니다. 피임을 하더라도 돌발 배란, 잘못된 피임 방법 등 변수가 있을 수 있기 때문에 임신 가능성이 있다는 사실을 염두해야 합니다.

③ 의사결정의 원칙

성은 관계입니다. 성은 단순한 행위가 아니라 존중과 책임, 배려를 배우고 훈련하는 소중한 인간관계입니다. 성관계를 하는 데 있어서도 당사자 사이에 충분한 의사소통이 필요합니다. 상대방의 요구를 들어주지 않으면 관계가 끝날 것이라는 두려움 혹은 강요나 심리적인 불안감에 의한 것은 아닌지, 어느 수준의 성적인 행위를 할지, 성관계를 하고 난 후의 관계 변화나 서로의 느낌 등을 솔직하게 이야기해 보세요. 성관계를 갖기 전에 임신 가능성과 성병 감염 가능성에 대해서도 대화를 나눠야 합니다. 다시 말하지만 성적 의사 결정에 있어 중요한 것은 상대가 아니라 자신입니다. 나의 느낌과 기분, 가치관, 몸의 컨디션이 먼저 고려되어야 하고, 그다음이 상대의 요구를 어느 정도까지 허용할 것인지에 대한 생각을 이야기해서 타협점을 찾아 나가야 합니다. 사랑하기 때문에 상대의 요구를 들어주어야 할 필요는 없습니다. 요구를 거절했을 경우 상대가 행할 행동 때문에 자신의 감정 및 요구를 무시하거나 등한시해서는 안 됩니다. 성적인 행위는 일순간에 끝날 수도 있지만 삶 전반에 영향을 미칠 수도 있기 때문입니다. 그렇기 때문에 성적 주체성을 길러서 자신에게 가장 편안하고 만족감을 주는 의사 결정을 내려야 합니다.

(4) **성관계 체크리스트**

아래 체크리스트를 해 보면서 성관계를 할 준비가 되었는지 생각해 보세요. 즐겁고 안전한 성관계가 되도록 부족한 부분들은 준비합니다.

- 사춘기 신체 변화가 끝났고, 내부 생식기도 다 완성되어 성관계를 감당할 수 있습니다. (   )

  *보통 만 17~18세에 사춘기 변화가 완성됩니다.

- 다른 사람이나 사회적 압력이 아니라 온전히 내가 성관계를 원합니다. (   )

- 여자의 성감대, 생식기 구조를 잘 알고 있습니다. (   )

- 성관계 전에 파트너와 피임 계획을 함께 세웠습니다. (   )

- 경구 피임, 콘돔, 응급 피임법 사용법과 장단점, 구입할 수 있는 곳을 알고 있습니다. (   )
- 성적인 대화나 이야기를 파트너와 부끄럽지 않게 대화할 수 있습니다. (   )
- 피임이 실패했을 때 대처법과 도움받을 수 있는 기관이나 어른을 알고 있습니다. (   )

 피임도 철학이 필요해

우리는 왜 피임을 할까요? 피임을 성관계의 걸림돌, 성관계의 즐거움을 방해하는 일로 생각하지는 않나요? 하지만 생각을 조금만 해 보면 피임은 안전하고 쾌락적인 면에서도 도움이 되는 도구입니다. 어떻게든 피임을 안하고 줄여 볼까를 궁리하는 게 아니라 피임을 성관계의 과정으로 생각하는 관점이 필요합니다. 피임은 당장 원하지 않는 임신을 막는 1차적 역할도 있지만 더 근본적으로는 나의 DNA를 가진 아이가 축복받고 태어날 수 있게 임신을 준비하는 방법이기도 합니다. 피임은 계획 임신의 도구이기도 하지요. 임신, 성병에 대한 두려움, 내 몸과 미래를 생각하는 관점에서 피임과 임신을 계획하는 것이야말로 멋지고 좋은 성생활입니다. 파트너와 성관계 전에 둘의 상황과 미래에 맞게 피임 계획을 함께 짜 봐야지요. 상대방이 나와 섹스할 준비가 되어 있는지, 신뢰할 수 있는 파트너인지 확실히 알 수 있는 방법이랍니다.

다양한 피임법이 있습니다. 자신의 생활, 파트너와의 관계, 이후 임신 계획 등 여부를 따져서 피임 계획을 세우시기 바랍니다. 성관계는 10대 후반에서 20대 초반에 시작하지만 실제 임신을 계획하는 나이는 30대를 넘어가기 때문에 최소 10년을 똑똑하게 잘 피임해야 합니다. 어느 때보다 피임이 중요하지요. 성생활을 하지만 당장 임신 계획이 없는 커플에게는 콘돔과 경구 피임약을 같이 사용하는 더치 피임을 추천합니다. 성관계에 참여하는 모든 사람이 피임에 참여한다는 뜻입니다. 듀얼프로텍션(dual protection)라고 부르기도 합니다. 콘돔은 피임은 물론 성병이나 체액으로 감염될 위험성을 낮춰 줍니다. 경구 피임약을 정확히 사용하면 99% 이상의 높은 피임 효과를 기대할 수 있습니다. 우리나라는 세계 어느 나라보다 교육열도 높고, 똑똑한 사람들입니다. 누구든지 공부하면 충분히 잘할 수 있습니다.

물론 경구 피임약도 다른 모든 약처럼 부작용이 있습니다. 하지만 다른 약들보다 더 위험하다고 보기 어렵습니다. 해외에서는 이미 보급된 지 몇 십년이 지났고, 사용률도 높기 때문에 오히려 안정성이 어느 정도 확보됐다고 볼 수 있습니다. 부작용이 생기더라도 보통 1~3개월 내로 사라지고요.

다양한 약들이 있기 때문에 의사와 상담을 통해 약을 바꿀 수 있습니다. 경구 피임약이 특히 더 위험할 수 있는 사람들은 진료 과정에서 확인할 수 있습니다. 경구 피임약 부작용에 대한 이야기들은 잘못된 내용들도 많습니다. 경구 피임약으로 생길 수 있는 부작용보다는 원치 않는 임신과 임신 중절, 출산으로 인한 결과보다는 훨씬 낫습니다. 경구 피임약은 배란을 억제하기 때문에 피임뿐만이 아니라 생리통이나 생리 전 증후군에도 효과가 있으며, 여드름 치료나 생리 주기를 규칙적으로 하기 위해서 사용하기도 합니다. 경구 피임약이 배란 억제제, 여성 호르몬제이기 때문이죠. 경구 피임약은 처방전이 필요한 경우와 약국에서 살 수 있는 두 가지 종류가 있지만 병원에서 가서 진료를 받고 피임을 하시길 바랍니다. 병원은 처방전을 받으러 가는 것이 아니라 진단을 받고, 전문의와 피임 계획을 논의하기 위해서 가는 것입니다. 소통하는 능력이 우리의 성을 밝고, 건강하게 만들어 주는 것처럼 피임도 성생활의 수준을 높여 주는 도구입니다. 주인답게 성을 꾸려 가는 모습입니다.

물론 여성에게만 피임과 임신, 출산의 책임을 묻는 제도와 의식이 바뀌어야 합니다. 남자에게도 피임을 철저하게 가르쳐야 합니다. 피임을 잘 알고, 준비하는 남자가 성적으로 능력 있는 남자입니다. 이런 공감대가 형성되어야 해요. 콘돔 말고도 남성들이 사용할 수 있는 피임법들이 다양하게 개발되고 홍보, 보급되어야 합니다. 누구나 쉽게 피임 정보와 피임약을 쉽게 구할 수 있어야 합니다. 청소년, 비혼 여성들도 거리낌 없이 당당하게 병원에 갈 수 있는 문화로 바꿔야 합니다. 우리 여성들이 먼저 이야기하고 삶으로 실천해서 문화를 바꾸는 주체로 살아 나가야 합니다.

이번 기회에 다양한 피임을 공부하고, 피임 계획도 세워 봅시다. 연구 공동체 '건강과 대안'에서 서울시 여성발전기금을 지원받아서 제작한 <우리가 만드는 피임 사전>을 가지고 공부해 보세요. '건강과 대안' 홈페이지와 다음 백과에서 피임 사전을 이용할 수 있습니다. 책이 어렵고 강의로 보고 싶은 친구들은 EBS 육아 학교에서 만든 <최안나의 엄마 성 아이 성> 14~17편을 보세요. 최안나 산부인과 선생님이 피임을 쉽고 재미있게 설명해 주셨답니다.

 함께 읽는 성 이야기 **3분 만에 보는 피임법**

① **경구 피임약**(먹는 피임약)

호르몬을 이용하는 피임법입니다. 배란과 착상을 방지하고, 점액을 끈끈히 해서 정자 통과를 어렵게 합니다. 3중 구조로 피임을 막아 주기 때문에 높은 효과를 기대할 수 있습니다. 마치 임신하고 있는 것과 같은 호르몬 상태를 만들어서 배란을 억제하고 수정란의 착상을 방지하는 약입니다. 현재 시판되고 있는 저용량 피임약은 부작용이 적고 정확한 복용법을 지킬 경우 99%에 이르는 높은 피임 효과를 볼 수 있습니다. 생리 첫째 날부터 매일 같은 시간에 복용해야 합니다. 약국에서 바로 살 수 있는 종류와 병원에서 처방받아서 복용할 수 있는 약들로 나뉩니다. 자신에게 가장 적합한 약을 선택할 수 있도록 병원에 가서 의사와 피임 계획을 함께 의논하기를 바랍니다. 반드시 설명서를 숙지 후 복용할 것을 권합니다.

주의 사항

다음의 경우 경구 피임약이 위험할 수 있습니다. 반드시 의사와 상담 후 피임법을 선택하시기 바랍니다.

- 유방과 관련된 병(유방암)이 있거나 가족력이 있는 여성
- 심장, 동맥, 혈관 관련 질환이 있는 여성
- 담배를 하루에 한 갑 이상 피우는 여성

② 콘돔

발기된 음경에 콘돔을 끼워서 정액이 질 내에 들어가지 못하도록 막는 피임 도구입니다. 피임 방법 중 유일하게 성병을 예방하는 효과도 있습니다. 일반적으로 피임 성공률은 82%정도이지만, 유의사항을 잘 지키고 삽입

전에 잘 착용하면 98% 이상의 높은 효과를 기대할 수 있습니다.

콘돔 사용법

- 콘돔은 삽입할 때마다 새 콘돔으로 교체해야 합니다. 넉넉히 2~3개를 미리 준비합니다.
- 유통 기한을 확인합니다.
- 콘돔의 끝 부분(정액 받이)을 비틀어 공기가 들어가지 않게 한 다음 음경에 끼웁니다.
- 콘돔을 잡고 음경 뿌리까지 잘 덮이도록 씌웁니다.
- 쿠퍼액이 나올 수 있기 때문에 삽입 전에 콘돔을 끼우는 것이 중요합니다.
- 손톱이나 반지 때문에 콘돔에 구멍이 나지 않도록 조심합니다.
- 사정한 뒤에는 정액이 흐르지 않도록 잘 붙들고 뺀 다음 훼손 여부를 재확인합니다. 성기가 수축하면 정액이 새지 않도록 잘 잡아서 콘돔을 바로 뺍니다.
- 지용성 윤활제(식용 오일, 베이비 오일, 로션, 버터 및 마가린 등)를 사용하면 콘돔 표면의 조밀도가 떨어져서 문제가 됩니다. 윤활제가 필요한 경우, 수용성 윤활제를 사용합니다.
- 한 번에 두 개 이상의 콘돔을 착용하면 마찰 때문에 더 잘 찢어질 수 있습니다.

③ 응급 피임약

성관계 이후 일정 시간 내에 복용하는 피임약으로 계획되지 않은 성관계를 했거나 콘돔이 찢어져 임신 가능성이 있을 때, 성폭행을 당했을 때 시도해 볼 수 있는 방법입니다. 응급 피임약은 일반 피임약에 비해 호르몬 함량이 매우 높고, 체내 호르몬 농도를 인위적으로 증가시켜 착상을 방해합니다. 의사의 처방전이 있어야만 구입할 수 있습니다. 약을 복용하면 생리 주기 자체가 바뀌기도 하고, 출혈, 배란 장애, 구역질, 구토가 발생할 수 있습니다.

많은 사람들이 응급 피임약을 사후 피임약이라고 잘못 지칭하고, 경구 피임약처럼 일상적으로 먹는 약으로 착각하고 있습니다. 콘돔이나 다른 피임이 귀찮으니까 성관계하고 응급 피임약 먹으면 된다고 생각하는 것은 큰 문제입니다. 응급약이기 때문에 일반적인 피임법으로 남용해서는 절대로 안 됩니다. 고농도 호르몬제이고 부작용이 있기 때문에 일상적으로 먹는 약이 절대로 아닙니다. 자주 먹으면 호르몬 균형이 깨집니다. 무엇보다 피임 계획을 세우지 않거나, 피임을 하지 못한 상황을 만들지 않는 것이 중요합니다. 경구 피임약을 한꺼번에 많이 먹으면 응급 피임의 효과가 있다고 잘못 알고 있는 사람이 있는데 이는 잘못된 상식입니다. 밤에 응급 피임약을 복용해야 할 경우, 응급실에서도 처방전을 받을 수 있습니다. 72시간(3일) 내에 복용하는 약과 120시간(5일) 내에 복용할 수 있는 약이 있습니다. 성관계 후에 3일이 지났다고 해도 임신 가능성이 있다고 높다고 판단된다면 사용할 수 있는 응급 피임약이 있습니다. 물론 가능한 빨리 복용하는 것이 효과면에서 가장 좋습니다. 시간이 지날수록 피임 성공률이 떨어집니다. 복용법과 부작용을 꼭 확인하시기 바랍니다. 약을 먹고 나서 얼마 지나지 않아서 구토를 하면 약이 소화되지 않은 채로 나올 수 있습니다. 이런 상황일 때 어떻게 대처해야 하는지까지 물어보시고요. 가능한 꼼꼼히 물어보세요. 약을 먹고 나서 생리 주기가 바뀔 수가 있습니다. 꼭 임신 테스트기로 확인해 봐야 합니다. 설명서도 꼼꼼히 읽어 보시기 바랍니다.

ASKING

어제 고등학교 1학년 아이에게 있었던 일입니다.

여름이라 아이가 짧은 반바지를 입고 다니는데요. 동네 할아버지가

지나가면서 "너, 왜 이렇게 짧은 바지를 입었어? 남자들도 본능이 있는 거야.

여자들이 짧은 하의를 입으니까 성범죄가 일어나는 거야."라고 했답니다.

아이는 기분이 나빴다고 했습니다. 그런데 문제는 학교 성교육에서도

남자들은 시각으로 성을 느끼고 예민하다는 교육을 받고 나서

아이가 혼란스러워 하네요.

여자들의 짧은 하의가 성범죄에 영향을 끼칠 수 있나요?

ANSWER

피해자에게 책임은 1%도 없습니다.

어떤 옷을 입었는지, 행동을 했는지도 상관없습니다. 우선 할아버지 말을 듣고

불쾌한 것은 정당한 감정이라고 이야기해 주세요.

성폭력 통념도 잘 짚어 주시기 바랍니다.

성폭력은 다른 폭력과 범죄와 마찬가지로 100% 가해자의 선택이고 책임입니다.

왜곡된
성을 넘어
사랑의
성으로

4

4

왜곡된 성을
넘어
사랑의 성으로

16세 딸이
핸드폰으로 음란물을 봐요.

아이 핸드폰을 검사하다가 음란물을 보고 있다는 사실을 알게
되었어요. 동영상 사이트에서 "가슴, 엉덩이, 성관계, 키스"라는
단어를 넣어서 영상을 찾아본 흔적이 있습니다.
날짜를 보니까 꽤 오래전부터 음란물을 본 것 같아요.
평소 제가 나름 성교육도 신경을 썼고, 음란물을 안 본다고 했던
아이라 더 놀랍습니다. 배신감까지 드네요.
몰아붙이는 것도 답은 아닌 것 같아서 일단 참고는 있습니다.
잘 대처할 수 있는 방법을 알려 주세요.

 ANSWER | 음란물을 볼 수 있는 환경부터
이해해 주세요.

첫 번째 단계는 이해입니다. 음란물 특성상 한번 보면 계속 생각이 나고 보
고 싶은 마음이 생깁니다. 아이만의 책임도 아닙니다. 음란물을 만들고 쉽
게 접할 수 있도록 방치한 어른들의 잘못이 큽니다. 존재 자체를 나쁜 아이
로 대하지 않도록 유의해 주세요. 음란물이 아니더라도 온 세상이 성적인
이미지와 콘텐츠, 비유로 넘쳐 납니다. 성적인 자극은 어느 때보다 강하고

요. 너무 쉽게 음란물을 접할 수 있는 환경입니다.

두 번째, 중심 잡아 주기. 혼란스러운 생각은 바로 잡아 주고 호기심은 충분히 풀어 주세요. 음란물과 현실의 차이를 중심으로 성폭행을 미화하는 내용, 왜곡된 여성관, 신체 묘사 등을 바로잡아 주시기 바랍니다. 무엇이 가짜인지, 조작인지 알려 주세요. 성이 좋고 아름다운 것이 되려면 관계, 책임, 배려, 사랑 위에 성이 있어야 합니다. 이런 가치가 빠져 있기 때문에 음란물의 성은 어둡고, 폭력적입니다. 아이를 사랑하는 어른들이 이야기해 주지 않으면, 음란물에 아이들의 성을 빼앗깁니다. 잘못된 내용도 짚어 주고, 좋은 성의 모델을 함께 제시해 줘야 행동 변화까지 이끌어 낼 수 있습니다. 보더라도 가짜라는 걸 알고, 분별할 수 있으면 됩니다.

세 번째 단계입니다. 음란물을 보더라도 소중한 정신과 시간, 에너지를 너무 쏟지 않도록 당부하시기 바랍니다. 충만하고 아름다운 성의 비전도 함께 제시해야 합니다. 우리 딸이 누려야 할 성은 서로의 몸을 잘 알고 탐구하며 함께 만들어 가는 성입니다. 멋진 성에 대한 기준이 있으면 음란물과 퇴폐적인 성 문화에 물들지 않고, 자신을 지킬 수 있습니다. 더 좋은 성을 알면 낮은 성으로 내려가지 않습니다.

실수로 음란물을 보게
되었습니다.

저는 열두 살 소녀입니다.
친구들이 유튜브에서 ****을 검색하면 재밌는 동영상이
나온다고 알려 줬어요. 찾아보니까 음란물이었어요.
이때부터 한 2년 동안 음란물을 봤는데요. 더 문제는 제가 음란물
보면서 생식기를 만지작거렸거든요. 재밌기도 하고
기분이 이상하기도 했는데. 성교육 받으면서 이게 자위라는 걸
알게 됐어요. 이게 올바른 행동인가요? 그리고 보지에서
물이 나온다는 건 무슨 말인가요? 답변해 주세요.

 ANSWER | 어른들의 잘못이
큽니다.

무엇보다 음란물을 만들고, 친구가 쉽게 볼 수 있도록 한 어른들의 잘못이
큽니다. 어디를 가든 인터넷이 되고 스마트폰은 생활의 일부가 되었습니
다. 사춘기고 호기심까지 있으니 유튜브로 음란물을 본 건 일어날 수밖에
없었던 일이지요. 님의 잘못이 아니라 부모님이나 어른의 도움을 받아야
하는 상황이에요. 걱정하지 마세요.

자위행위는 할 수 있어요. 나쁜 것도 아니에요. 하지만 음란물의 자위를 그대로 따라하면 안 됩니다. 친구는 아주 괜찮은 사람이잖아요. 자신의 가치를 낮추지 마세요. 음란물에서 보여 주는 자위는 여자를 위한 게 아니에요. 음란물을 만드는 사람들은 여자의 몸, 즐거움을 제대로 모릅니다. 여성을 위한 쾌락이 아니라 음란물을 보는 사람들, 주로 남성들을 성적으로 자극시키기 위한 목적밖에 없어요. 과도하고 잘못된 자위 방법이에요. 내 욕구가 아니라 음란물을 보면서 하는 자위는 멈춰야 돼요.

보지에서 물이 나온다는 말을 들었군요. 우선 단어 정리부터 합시다. 보지는 안타깝게도 여성 생식기, 여성을 비하하는 욕으로 쓰이고 있습니다. 하지만 그 원래 쓰임과 뜻을 보면 '보배로울 보(寶)'에 '연못 지(池)'를 합쳐 보배로운 연못이라는 뜻이에요. 이만큼 여성 생식기의 가치와 철학을 담은 말이 없습니다. 이렇게 귀한 뜻이고요. 지금은 욕으로 쓰고 있어서 일상적으로 쓰기는 어렵지만 앞으로는 바른 뜻을 찾아서 써야 합니다. 본론으로 돌아가서 보지에서 물이 나온다는 건 여성이 흥분하면 질에서 분비물을 만든다는 거예요. 성관계를 할 때 서로의 생식기끼리 만나야 하는데 아프지 않게 잘 만날 수 있도록 도와주는 물질인 것이지요. 이런 성 지식을 알아 가는 건 좋은 거예요.

음란물을 보더라도 속지 않아야 합니다. '저게 다가 아니다. 잘못된 것도 많다.'고 알고 있으면 돼요. 성은 아기도 만들고 사랑도 하고 즐거움도 나누는 것인데, 음란물에서는 생식기를 가지고 노는 장면만 확대해서 보여줘요. 생명과 사랑, 소통, 피임은 생각하지 않아요. 자신의 몸을 아끼고 더욱더 사랑하면서 성을 진지하게 배워 나갑시다. 성을 제대로 잘 아는 여성, 자신의 성생활을 스스로 디자인 하는 멋진 사람이 되길 응원할게요. 성적으로 능력 있는 여성이죠!

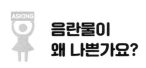

음란물이
왜 나쁜가요?

음란물이 나쁘다고는 하는데 어떤 점에서 해로운지
모르겠습니다. 음란물을 봤지만 별로 나쁜 점을 못 찾겠습니다.

 ANSWER | 좋은 질문이
시작이다.

우선 음란물은 성의 밝고 좋은 느낌을 빼앗아 버립니다. 성 개념도 바꿔 놓
습니다. 성은 생명과 사랑, 쾌락을 둘러싸고 이루어지는 아주 풍부한 인간
관계인데 음란물을 보면 성을 성기와 행위만 생각하게 됩니다. 여성은 생
식기, 가슴으로 축소시키고요. 여성의 마음, 성적 즐거움은 중요하지 않아
요. 남자에게도 문제지요. 남자의 성적 능력이 마치 큰 성기에만 달린 것처
럼 묘사하고요. 성적으로 능력 있는 남자에 대한 잘못된 생각을 심어 줘요.
음란물의 강렬한 영상과 폭력적인 설정 때문에 성관계가 풍부한 인간관계
라는 걸 잊어버리게 하지요. 음란물은 실제 우리 일상의 성과는 다르고요.
의학적으로도 잘못된 부분이 많습니다.
사랑의 감정도 빠져 있어요. 사람들은 좋아하고 사랑하는 감정이 있을 때
몸으로도 하나가 되고 싶어 하지요. 그런데 음란물에는 이런 마음이 빠져

있어요. 사랑을 배우지 못하는 거지요. 사랑 없는 섹스는 그 끝이 허무하고, 폭력적인 성은 자신과 인간에 대해 환멸을 느끼게 합니다.

쾌락에서도 문제가 생깁니다. 음란물에 나오는 배우들은 연기를 하는 거예요. 효과를 높이기 위해 신음 소리도 크게 내고 무리한 동작도 하고요. 여자가 정액을 먹는 연기를 하면서 즐거운 척을 해요. 근데요. 현실에서는 대부분의 여성들이 그런 것을 아주 싫어합니다. 그것도 모르고 남자는 여자들이 아주 좋아하는 줄 알고 그대로 해 보라고 강요하는 경우가 있습니다. 돈을 벌기 위해 연기하는 줄도 모르고 속고 있는 거예요. 몸에 대한 잘못된 정보도 줍니다. 남자 성기도 크게 보이게 하려고 가짜 음경을 만들어서 씌우기도 해요. 기술이 좋아서 진짜처럼 보여요. 이걸 모르고 자기 성기와 가짜 성기 크기를 비교하면서 열등감에 빠지는 사람도 있으니 얼마나 속상한 일이에요. 여자도 똑같아요. 소음순에 색을 입히고, 반듯하게 잘라냅니다.

음란물에는 성관계 후에 오는 일들이 나오지 않습니다. 간단하게 생각했던 섹스가 실제로 해 보면 아주 복잡한 것임을 알게 됩니다. 성관계를 하고 생리가 하루만 늦어져도 임신했을까 봐 걱정이 많아집니다. 남자 친구가 더 원해서 맞춰 주려고 성관계를 했는데 어려움이 생기면 남자 친구가 미워지고 자신을 탓하게 됩니다. 상대방이 동의하는지 묻고, 확인하는 과정도 없습니다. 피임도 없어요. 이런 게 성폭력이 되는 거예요. 모르는 사람이 칼 들고 위협을 해야 성폭력이 되는 게 아니에요. 나의 의사와 상관없이 이뤄지는 모든 성 행동이 폭력입니다.

제일 큰 부작용은 중독성입니다. 강렬한 동작과 장면들이기 때문에 쉽게 잊을 수가 없어요. 자꾸 생각나요. 다른 영상은 없나 찾아봅니다. 자꾸 보면 나중에는 웬만한 장면은 무뎌져서 사람을 때리고 맞는 장면을 볼 때나 조금 흥분할 정도로 이상해져요. 디지털 환경은 어떤가요? 스마트폰과 인터넷만 있으면 언제 어디서나 음란물을 볼 수 있지요. 법적인 문제도 생각해야 합니다. 무심결에 성적 콘텐츠를 단체 채팅방이나 SNS에 올리면 그 자체로 음란물 유포에 해당될 수 있습니다. 아동, 청소년이 나오는 음란물이나 청소년으로 묘사되는 인물이 나오는 음란물을 보면 아동청소년 보호법에 저촉될 수 있습니다. 나 혼자 보는데 무슨 일이 있겠냐고 할 부분이 아니라 이런 법적인 영역도 생각해야 합니다.

님은 소중하고 대단한 존재입니다. 이제 음란물도 볼 만큼 봤고, 음란물이 도대체 무엇인가 하는 호기심도 풀었으니 수준 높은 성을 위해 공부하고 연구하세요. 생명, 사랑, 쾌락을 배워야 할 시기입니다. 좋은 질문은 위대한 발견과 더 나은 삶을 향한 첫 걸음입니다. 음란물이 왜 나쁜가, 진짜 나쁜가라는 질문도 정말 중요한 질문이고요. 이번 기회에 음란물, 내가 바라는 좋은 성을 제대로 정리하시기 바랍니다. 진지하게 고민하고 답을 찾으려는 님에게 칭찬과 격려의 박수를 보냅니다.

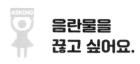

음란물을
끊고 싶어요.

고등학교 1학년 여학생인데요. 야동을 어떻게 끊어야 할까요?
몇 번 끊어 보려고 했는데 잘 안 돼요.
몇 년째 제자리걸음 하고 있어요. 죄책감도 심하게 들고…….
끊을 수 있는 확실한 방법이 없을까요?

 ANSWER | 때로는 슬픔도 죄책감도
필요해요.

울분, 분노, 죄책감, 수치심처럼 사람들이 싫어하는 감정들은 사실 나쁜 감정이 아니랍니다. 내 마음이 어떤지, 나에게 무슨 일이 일어나고 있는지 알려 주는 신호예요. 우리에게 꼭 필요한 감정들이에요. 슬픈 상황에는 울고, 정의롭지 않은 상황에는 분노하고 잘못했을 때는 죄책감을 느껴야 건강한 거랍니다. 죄책감을 없애려고만 하지 말고 이 감정을 잘 들여다보세요. '음란물을 봐서 죄책감이 생긴다.' 이렇게 뭉뚱그려서 생각하지 말고 여자는 성을 몰라야 한다는 생각 때문인지, 음란물 내용이 문제인지, 음란물 보느라 해야 할 일을 소홀하게 해서인지, 자위할 때 특히 죄책감을 느끼는지 등 이유를 구체적으로 알아야 해결책도 나옵니다. 곰곰이 생각해 보세요.

성적 호기심과 욕구는 자연스럽고 건강합니다. 여자도 성욕이 있고, 음란물을 보고 싶은 마음을 가질 수 있습니다. 이 마음 때문에 죄책감을 가질 필요는 없습니다. 하지만 음란물에서 보여 주는 성은 왜곡과 거짓, 탐욕, 폭력이 가득합니다. 더 나은 성을 바라는 나의 영혼이 죄책감을 만들었을 수도 있어요. 성폭력이나 강간이나 다름없는 상황이 나오는데 마음이 불편할 수밖에 없지요. 이런 음란물을 보고 성적으로 흥분하는 자신에 대한 자괴감일 수도 있어요. 음란물은 버리고 여자의 몸, 성감대를 제대로 공부하세요. 어떤 성관계가 좋은 성관계인지, 내가 바라는 성은 무엇인지 생각해 보세요. 성욕, 성적 호기심을 나의 성생활을 풍성하게 해 주는 긍정적인 방향으로 바꿔 주면 됩니다.

일단 음란물에서 멀어지세요. 컴퓨터에 비밀번호를 걸어 놓거나 컴퓨터를 가족 공간으로 옮기세요. 스마트폰으로 음란물을 본다면 차단 프로그램을 설치할 수 있고요. 음란물을 접하기 어려운 환경을 만들어야 합니다. 음란물을 보던 습관, 주로 보는 시간을 분석해서 변화를 줘야 합니다. 음란물이 주던 기쁨은 건강한 즐거움으로 바꿔야 합니다. 움직임이 있으면서 기분을 전환할 수 있는 운동과 걷기를 추천합니다. 좋아하는 가수에 음악에 빠져보고 공연을 가거나 곡을 직접 연주해 봐도 좋아요. 운동이 아니더라도 해 보고 싶었던 활동을 시작해 보세요. 장기적으로는 가족 관계, 친구 관계를 돈독히 하는 데 힘쓰세요. 중독을 막는 가장 좋은 방법이 즐거운 인간관계입니다.

모든 일에는 끝이 있습니다. 아무리 강렬한 감정이나 욕구라도 영원히 지속될 수 없습니다. 음란물을 보고 싶은 강한 욕구가 들더라도 시간이 지나면 잠잠해진다는 사실을 기억하세요. 음란물을 보지 않으려는 이유를 떠올리면서 의지를 새롭게 해 보세요. 음란물에서 얻을 수 있는 것은 하나도 없습니다. '무조건 안 돼.'라는 생각보다는 나를 위해 음란물을 보지 않겠다고 마음먹으세요. 음란물을 뛰어넘어서 제대로 내 성, 내 몸을 공부합시다. 진짜 성을 공부하다 보면 음란물이 시시해지고 흥미도 떨어질 거예요. 이렇게 고민하고 상담을 요청하는 용기가 있는 친구이기 때문에 잘할 수 있을 거라고 믿어요.

아빠가
음란물을 봐요.

우연히 아빠가 음란물을 본다는 걸 알게 됐어요. 평소에
다정했던 아빠의 모습이 너무 가식으로 보여요. 평소에 저랑
동생한테 음란물 보지 말라고 했던 것도 위선적이에요.
여태까지 아빠는 엄마만 바라보는 순정남인줄 알았습니다.
그런 아빠가 다른 여자들이 발가벗은 모습을 보고 즐겼다니…….
믿을 수가 없네요. 청소년도 아니고 결혼도 했는데 음란물을
보나요? 인터넷에 물어봤는데 "남자는 그렇게 성욕을 푼다. 오버
하지 마라. 남자는 죽을 때까지 음란물 본다."고 써 있더라고요.
제가 이해해야 하나요? 음란물을 보는 게 정상인데
제가 예민한 거예요? 이제는 아빠 얼굴 마주치는 것도 힘들어요.
뭘 어떻게 해야 할지 모르겠어요.

 ANSWER | 아빠를
믿어 주세요.

사람마다 음란물에 대한 느낌이 다르지요. 친구와 똑같은 상황이라도 대
수롭지 않게 넘어가는 사람들도 있습니다. 물론 님처럼 아빠에 대한 배신

감에 사로잡히기도 합니다. 한국은 초고속 인터넷과 높은 스마트폰 보급률로 언제, 어디서든 음란물을 볼 수 있습니다. 물론 성욕 자체는 자연스럽습니다. 다른 사람에게 해를 미치지 않는다면 문제 삼기가 어렵지요. 이 정도에 만족한다면 친구가 이렇게 힘들지 않았을 거예요. 친구의 기준은 더 높은 곳을 행하고 있습니다. 성과 사랑이 함께 가는 관계, 말과 행동이 같기를 바라고 있습니다. 이런 마음과 생각을 예민하다고 치부해 버릴 수 있을까요? 아닙니다. "다 원래 그런 거야."라고 할 때 이런 질문을 할 수 있는 사람들이 필요하고 귀중합니다. 자신의 기준, 가치에 자신을 가져도 좋습니다. 나의 소중한 가치를 잘 지켜 가세요. 앞으로도 온갖 미디어, 드라마, 주변 어른들의 말을 통해서 더 낮은 가치에 만족하라는 유혹은 계속될 거예요.

인간은 완벽할 수 없습니다. 나만 아는 어두운 면, 알리고 싶지 않은 얼굴이 있지요. 친구도 그렇지 않나요? 성 문제는 더욱 그렇고요. 아빠도 마찬가지예요. 아빠도 부모이기 전에 한 소년이었고, 남자예요. 아빠가 음란물을 본다고 해서 엄마에 대한 사랑이 진실하지 않은 것도 아닙니다. 완벽하게 선하거나 악한 사람이 없어요. 좋은 면, 나쁜 면이 함께 있지요. 모순 같아도 그게 인간의 모습이에요.

아빠를 믿어 주세요. 친구가 평소에 봐 왔던 아빠, 다정다감했던 아빠를 믿어 보세요. 이런 아빠라면 친구의 말에 귀 기울여 주실 거예요. 님의 마음, 생각을 솔직히 이야기할 필요가 있습니다. 친구가 생각하는 성의 기준, 비전도 이야기해 주세요. 최소한 가족들이 있는 공간에서는 음란물을 보지 말라고 요청하세요. 친구도 부모님 공간에 들어 갈 때는 노크해야 합니다. 핸드폰이나 컴퓨터도 마찬가지입니다. 에티켓 차원입니다. 직접 이야기하는 것보다는 편지를 써 보면 더 좋겠네요. 여기까지 님의 몫입니다. 음란물을 끊을지는 아빠의 선택이고 책임입니다. 아빠의 기준과 나의 기준이 다를 수 있다고 인정해 주세요. 아빠도 부족한 사람이고 완벽하지 않다는 사실을 끌어안아 주세요. 아빠도 이해해 주는 사람, 믿어 주는 사람이 있어야 변하고 싶은 욕심이 생깁니다. "비 온 뒤에 땅이 굳는다."는 말처럼 이 시기를 지혜롭게 넘긴다면 아빠와 더 단단하고 좋은 관계를 만들어 갈 수 있습니다.

엄마 아빠의 성관계가
더럽게 느껴져요.

저는 열다섯 살 여자입니다. 고민이 있어서요.
초등학교 5학년 때 처음으로 음란물을 접했어요. 음란물을 처음
보고 나서 느낌이 안 좋아서 그다음부터는 안 봤어요.
중학생 되면서 같은 반 친구가 성관계랑 이상한 기구들, 음란물
사이트를 알려 줬어요. 근데 이런 이야기를 듣고 나니까
아빠가 껄끄럽고 싫어졌어요. "엄마 아빠는 날 낳기 위해
몇 번이나? 도대체 몇 번이나 한 거지? 더러워…… 수치스러워!"
이런 생각이 들어요.

 ANSWER | 음란물과
일상의 성은 다르다.

엄마 아빠를 더러워하면 안 돼요. 물론 부모님도 음란물에 나오는 것 같은
비슷한 행위를 하긴 하지요. 그러나 그 배경과 결과는 아주 달라요. 부모님
은 사랑의 확신 속에서 결혼하여 아기를 기다리는 마음에서 성관계를 한
분들이에요. 비슷한 행위를 했다고 해서 다 같은 게 아니에요. 부부가 살다
보면 사랑도 식고 싸울 수도 있지만 자기들만의 사랑의 빛깔을 가지고 있

어요. 서로가 미워할 때는 떨어져 지내기도 하지만 싸움을 풀고 화해할 때는 누구보다 뜨겁게 사랑을 나누기도 합니다. 아기를 잉태하고 얼마나 기뻐하는지 알아요? 아기를 낳고, 기르면서 모든 것을 다 바칩니다. 음란물의 성 이미지를 부모님께 씌우면 안 돼요. 너무 억울합니다. 무엇보다 이렇게 되면 님의 탄생까지 더러운 것이 됩니다. 생명을 만드는 과정이 더러울 수 있나요? 세상에서 제일 아름다운 섹스가 뭐예요? 바로 님이 만들어졌던 그 성관계 아니에요? 신비와 경이의 영역입니다. 음란물의 왜곡된 이미지와 잘못된 성 정보를 기준으로 보기 때문에 부부의 성까지 더럽게 보이는 거예요.

문화적인 힘이 대단한 것 같아요. 음란물은 실제 성관계까지도 부정적으로 만들어 버립니다. 인간에 대해서도 환멸을 느끼게 되고, 인간의 몸도 사랑스럽게 보이지 않아요. 더 비극적인 것은 한평생 함께 재미있게 살아가야 할 남성이 짐승으로 보인다는 것이지요. 님께서 음란물과 섹스를 더럽게 느끼는 것은 어쩌면 당연한 일이겠지요. 그러나 인간의 성을 온통 부정적으로 본다는 건 정말 안타까운 일이에요. 많은 사람들이 음란물을 보고 마치 그것이 성의 모든 것인 양 낄낄대며 알 만큼 다 안다는 생각을 하고 있어요. 이런 사람들도 실제 관계에 들어서면 "성이 이런 게 아니구나." 내가 잘못 알고 있었다는 걸 시행착오를 통해 철저히 알게 될 것입니다.
성을 부정적으로 생각하면 얼마나 큰 피해가 생기는지 몰라요. 관계를 맺는데 몸이 굳어지게 하고 즐거운 느낌도 방해합니다. 실제 삶에서 따뜻하고 긍정적인 성 경험들을 하나씩 만들어 보세요. 불완전한 두 사람이 만나 마음과 생각이 통하고 전율을 느끼는 순간, 이 세상이 모두 자신의 것처럼 보일 정도로 기쁨을 느낍니다. 다투고 실망할 때는 마음도 상하지만 서로를 더 잘 알게 됩니다. 인간학을 배우는 것이지요. 상대방의 단점도 안아 주고, 상처받은 내면의 아이를 바라봐 주는 깊은 사랑도 맛볼 수 있습니다. 부모의 성생활은 부부의 영역입니다. 친구가 상관할 일이 아니지요. 사적인 영역입니다. 힘든 생활과 생명과 사랑, 그리고 몸의 즐거움이 한데 어우러진 아주 폭넓은 성이라고 할 수 있어요.

〈타이타닉〉 영화처럼 남녀가 뜨거운 마음으로 성관계를 할 때 그 이상의 즐거움은 없습니다. 인간이 주고받을 수 있는 즐거움 중에서 성적으로 하나되는 것만큼 즐거운 일도 없습니다. 질적으로 충만한 즐거움을 맛볼 때 몸도 건강해집니다. 인간은 선택 속에 살아요. 배신과 거짓말로 좌절하는 사랑도 있지만 모든 것을 다 바칠 정도로 헌신하는 사랑도 엄연히 있어요. 생명을 사랑하고 진실함을 지키려는 사람들도 많아요. 음란물을 본 것만으로 인간의 성을 함부로 규정짓지 마세요. 그건 한낱 상품이고 연기일 뿐입니다. 돈을 벌기 위해 많은 것이 왜곡되어 있어요. 이제 더 이상 엄마 아빠에 대해 부정적으로 생각하지 마세요. 고맙고 안타깝게 생각해 보세요. 사랑하는 딸이 험한 세상에서 상처 없이 잘 자라 주기를 얼마나 바라고 있는지 몰라요. 한번 대화를 나눠 보세요. 한 가지 부정적인 생각만 하고 있었던 님이 너무 옹졸했다는 걸 느낄 거예요. 부모님과 대화를 통해 꼭 확인해 보기 바랍니다.

더러운 것도 아름다운 것도 있지만 님은 자신을 위해서 아름다운 성을 만들어 가면 됩니다. 좋은 사람을 만나 뜨거운 사랑도 나누고 몸의 느낌도 즐기는 그런 성을 꿈꾸고 이루어 가면 어떨까요. 아름다움이란 그냥 존재하는 것이 아니라 내 마음으로 만드는 것이니까요.

딸이
변태스러운 소설을 읽어요.

14세 딸아이가 인터넷에서 남자 아이돌이 주인공인 소설을 자주
읽습니다. 문제는 그 내용이 너무 음란하고 성적이라는 거예요.
내용이 너무 변태스러워서 적지도 못하겠어요. 죄의식을 주면
안 될 것 같아서 그만 보라고 좋게 이야기했는데도 멈추지 않네요.
핸드폰을 압수하고, 인터넷을 못 하게 하는 것만으로는 해결이
안 될 것 같아요. 팬픽도 음란물처럼 중독될 수 있다는 말을
들었는데 어떻게 도와줘야 할까요?

 ANSWER   팬픽 문화
들여다보기

팬픽은 팬(fan)과 픽션(fiction, 소설)의 합성어로 좋아하는 아이돌을 주인
공으로 팬들이 직접 쓰는 소설입니다. 팬픽을 잘 쓰면 친구들 사이에서 스
타가 될 수 있습니다. 그 자체로 놀이이고요. 여자 청소년들이 성을 접하는
주요 매체 중 하나이기도 합니다. 그중에 고수위 팬픽은 성적 행위 묘사가
상세하고 외설적입니다. 호기심도 있고, 좋아하는 연예인도 나오고 핸드폰
이 있으니 언제든지 원할 때 볼 수 있습니다. 여자아이들 사이에서는 아주

드문 일은 아닙니다. 관심과 애정이 있는 사람에게 성적으로도 관심이 생기고 다가가고 싶은 마음이 건강한 성 아닐까요? 많은 성 문제는 성과 사랑, 성과 사람, 성과 관계를 떼어 놓을 때 생긴다고 봅니다. 문제는 팬픽이 언제부터인가 포르노화되고 있다는 사실입니다. 팬픽 초창기부터 동성애나 성적인 묘사는 있어 왔지만 강간, 근친 상간 등 충격적이고 수위가 강한 내용들이 넘쳐 나고 있습니다. 팬픽도 음란물처럼 관계와 이야기는 빠지고 성기를 이용한 행위가 중심이 되고 있습니다. 잘못된 가치관과 여성관, 성 지식을 배울 수도 있지요.

우선 아이의 성적 호기심과 팬픽 문화는 이해해 주세요. 그다음 고수위 팬픽이 나쁜 이유를 따져 주시기 바랍니다. 성교육도 병행되어야 합니다. 고수위 팬픽을 보고 아이 나름대로 궁금증도 있고 혼란스러운 부분도 있을 거예요. 찌릿찌릿하게 좋은 느낌도 있었을 거고요. 내 몸도 알아야 하고, 어떤 성의 주인공이 되고 싶은지 비전도 필요합니다. 호기심이 채워지고 건강한 성의 비전이 있으면 팬픽 수위에 몰렸던 관심이 흩어집니다. 팬픽을 보더라도 기준이 있으면 진실과 거짓을 구별할 수 있습니다. 팬픽은 10대 문화이기 때문에 무조건 못 하게 하면 아이들을 음지로 내모는 격입니다. 아이들은 중심을 잡을 수 있는 힘이 있기 때문에 이런 팬픽을 접했더라도 잘 정리해 주면 괜찮습니다.

중학교 1학년 딸이
낯선 남자에게 알몸 사진을 보냈습니다.

딸이 놓고 간 핸드폰으로 여러 번 전화가 와서 제가 받았는데
전화를 끊더라고요. 아무래도 이상해서 핸드폰 뒤져 보다가
낯선 사람이랑 채팅한 기록을 발견했습니다.
딸이 자기 성기 사진이랑 자위 영상을 찍어서 여러 사람한테
보낸 사실도 확인했습니다. 상대 남성들은 10대에서 50대까지
연령대가 다양했습니다.
우선 전화를 건 남성에게 아이와 연락하지 말라고
경찰에 신고한다고 경고했고, 아이 핸드폰은 압수하고
채팅 내용은 남편이 다 지웠습니다. 급한 불은 껐지만 사진을
보낸 딸이 이해가 되지 않습니다.
다행히 남자를 직접 만난 적은 없다고 하는데, 왜 그랬냐고 물어도
묵묵부답이에요. 도대체 어떻게 해야 될까요?

🎤 ANSWER   외로운 청소년들의 슬픈 놀이터,
                          채팅앱

얼마나 많이 놀라고 당황스러우셨을까요. 상황이 더 나빠지기 전에 부모

님께서 발견하셔서 다행입니다. 가족 모두에게 힘든 시기이지만 지혜와 용기를 낸다면 잘 헤쳐 나갈 수 있습니다.

오늘을 살아가는 14세 소녀에게 스마트폰과 채팅은 인간관계와 교류의 중심입니다. 채팅으로 친구를 만나고 관계를 맺는 것이 익숙한 디지털 원주민 세대이지요. 거기다 사춘기 소녀들은 남성에게 성적인 매력을 인정받고 싶은 욕구가 있습니다. 온갖 미디어와 매체에서 아이들 마음에 이런 씨앗을 심고 자라게 합니다. 채팅 남성들은 이런 심리를 기가 막히게 꿰뚫고 이용하죠. 이야기도 잘 들어 주고 얼굴, 가슴이 예쁘다고 인정해 줍니다. 친밀한 관계를 만들어요. 이런 맥락 위에서 따님의 행동을 생각해 주세요.

구성애 선생님의 팟캐스트 시즌 2의 5편을 들어 보시면, 채팅앱에서 어떤 일이 벌어지고 있는지 머리에 그려지실 거예요. 친구를 사귀기 위해 단순한 호기심으로 시작했던 일이 음란물 노출과 성폭력으로 이어지는 상황입니다. 경찰 및 사이버 수사대에 도움을 받아 협박을 대비하십시오. 채팅 내용, 전화번호, 계좌 번호도 증거로 모아 두시기 바랍니다.

딸은 상담과 교육이 필요합니다. 채팅앱의 문제점과 위험성, 왜곡된 성 가치관을 다시 세워야 합니다. 랜덤 채팅을 한 다른 친구들의 사례를 들어 보는 것도 도움이 됩니다. 자신이 한 행동을 객관적으로 한 걸음 물러나서 생각해 볼 수 있는 기회가 됩니다. 상담 선생님과 이후 지도 방향을 세우시기 전까지는 핸드폰 사용을 제지하시고, 팟캐스트 내용을 활용하여 랜덤 채팅의 위험성을 짚어 주시기 바랍니다. 지금 잘 잡아 주면 한 차원 더 높은 성으로 나아가고 누구보다 멋진 성을 누릴 수 있습니다. 부모가 먼저 이런 확신이 있어야 아이를 끌어 줄 수 있습니다.

14세 딸이
성인 남자와 채팅을 해요.

중학교 1학년 딸의 휴대폰을 보다가 톡으로 25세 남자랑
채팅 하는 것을 봤습니다. 딸이 자기 성기에 형광펜을 넣어
사진을 찍어 보낸 기록이 있었습니다.
"옷 벗고 찍을까?" 등등 상상을 초월하는 말이 가득한 채팅
내용을 차마 더 볼 수가 없었습니다. 채팅 한 지 꽤 된 것 같은데
전화번호도 070으로 시작하고 제가 전화를 걸어 봤는데
연결이 안 됩니다. 평소에 똑똑하고 단정한 아이라
이런 수치스러운 일을 할 거라고는 정말 생각도 못 했습니다.
한편으로는 "아이들의 성 문화를 잘 몰라서 그런가?" 하는 의문도
들고 섣불리 애를 야단쳤다가 더 문제가 생길까 봐 상담 드립니다.
일단 채팅은 언급하지 않았고 휴대폰을 너무 많이 사용해서
한 달 동안 제가 휴대폰을 가지고 있겠다고 했습니다. 어떡해야
할까요? 애 아빠한테는 아무 말도 못 했습니다. 채팅으로 만난
아저씨들이랑 성관계라도 할까 봐 정말 걱정이에요.
아이에게 말을 꺼낼 용기가 나지 않습니다.
상담소를 데려가야 할까요?

행동에는 문제가 있지만 아이는 너무 정상입니다. 아이 상황을 보면 성 행동으로 이어질 수밖에 없어요. 사춘기가 되면 성 에너지가 무엇인가를 추구하게 됩니다. 여자아이들은 특히 관계를 굉장히 소중하게 생각해요. 여성 호르몬은 관계를 추구하거든요. 여자애들은 사춘기가 빠르기 때문에 또래 남자애들한테 별 관심이 없고 연상을 좋아하는 경향이 있습니다.

여기에 채팅앱까지 추가됐죠. 접근하기도 쉽고 태어날 때부터 스마트폰을 만지며 자란 아이들이기 때문에 핸드폰을 너무나 잘 다룹니다. 카카오톡, 라인도 기본적으로 채팅이고요. 검색만 할 줄 알면 얼마든지 채팅앱에 들어갈 수 있습니다. 아이 행동을 옳다, 그르다의 문제로 보면 안 돼요. 지금 랜덤 채팅에 누가 개입되어 있습니까? 성인 남성이에요. 어른들이 여자아이 심리를 꿰뚫어서 성 행동을 유도하는 거예요. 아이는 정신없이 따라간 거죠. 눈앞의 일만 생각하고 멀리 보지 못하는 겁니다. 상대방을 직접 대면하지도 않으니까 큰 문제가 될 수 있다는 생각은 못 하는 거예요.
성기에 형광펜 넣어서 사진을 찍어 보내라고 하는 애들이 어디에 있어요? 채팅에 조건 만남, 성매매를 주선하는 업체들이 들어왔다는 것 아세요? 제가 제일 놀라고 가슴이 떨리는 사실입니다. 이 사람들한테 채팅만큼 좋은 환경이 없거든요. 소녀들을 노리고 있습니다. 애들이 생식기에 형광펜을 넣어서 사진을 찍어 보내게 만들어서 다른 사람들한테 팝니다. 여자아이들은 자기도 모르는 사이에 상품이 될 수 있어요. 어떤 사람은 청소년들 생식기 사진 많이 모았다고 자랑해요. 지금 채팅은 성매매와 성폭력의 공간으로 변해 버렸어요. 우리 아이들이 성적으로 문제가 있는 게 아니라 채팅 환경이 이미 이렇게 조성되어 있습니다. 상대방들이 워낙 적극적으로 사진을 찍어 보내라고 하니까 큰 문제가 아니라고 생각할 수 있어요. 거기다 애들은 사진을 찍고 찍히는 일에 익숙합니다. 누군가의 성적인 대상이 되고 싶은 욕망도 있고요. 비슷한 또래의 여자 아이돌을 보세요. 여자아이들을 우리 사회가 어떻게 성적인 대상으로 소비하고 있는지요. 부모 세대가 안 겪어 봤다고 해서 아이들을 원숭이처럼 보지 마세요. 우리 사춘기 때는 스마트폰, 채팅 없었잖아요. 아이들이 어떤 문화 속에 있고 놀고 있는지 모릅니다. 어른들인 우리가 문제에 전혀 준비되어 있지 않습니다.

이제 어떻게 대처하면 좋을까요? 우선 엄마가 채팅 내용을 봤다는 사실을 알리세요. 채팅은 보통 문제가 아닙니다. 엄마도 '여기서 끝인가? 혹시 성관계까지 했을까?' 감이 안 잡히잖아요. 구체적으로 어떤 행동까지 했는지 정확하게 파악하세요. "엄마가 핸드폰을 봤는데 이런 사진도 있더라. 엄마가 상담도 받았는데, 전문가 선생님이 어느 정도까지 했는지 알아볼 필요가 있다고 하셔. 그래서 엄마가 묻는 거야."라고 사실대로 이야기하세요. 이야기를 시작하기 전에 상담 결과를 말해 주세요. 자기만 이런 일을 겪은 건 아니지만 큰 문제가 될 수 있는 일이라는 걸 알게 해 주세요.

"엄마도 처음에는 너무 놀랐어. 상담해 보니 너만의 문제가 아니라고 하시더라. 사춘기 때는 성에 흥미가 많아지지. 성을 가장 쉽게 알고 풀 수 있는 방법 중에 하나가 이런 앱이라고 하더라. 채팅앱에 한번 들어가면 충격적인 일들이 많이 벌어져서 빨려들어 가고 정신을 못 차린다고 하던데 너도 그랬지? 막 이상하면서도 계속하게 되고 그냥 빠져드는 거야. 요즘에는 채팅 때문에 피해를 당하는 친구들이 굉장히 많다고 하더라. 엄마는 네가 위험에 빠지지 않게 도와줄 거야. 큰일이 벌어지지 않게 대비할 수 있게 엄마한테 사실대로 얘기를 해 줄래? 어떻게 된 거니? 더 위험에 처하지 않고 이만하길 다행이다."

사랑스러운 눈으로 아이를 봐 주세요. 엄마가 자신을 도와줄 거라고 믿어야 아이가 솔직하게 이야기할 수 있습니다. 엄마 태도와 눈빛이 일치하고 진심도 알면 말할 수 있어요. 일단 이미 벌어진 일은 그럴 수 있다고 이해해 주세요. 얼굴 사진, 집 주소, 학교, 이름 등 신상 정보를 알려 준 적이 있는지 확인하세요. 협박받을 수 있는 여지가 있는지 세세하게 점검합니다. 채팅 횟수, 몇 명과 채팅했는지, 아이 얼굴을 알고 있는지도 점검해야죠. 이렇게 구체적으로 묻고 대답하는 과정에서 아이도 채팅이 단순한 일이 아니라는 것을 느낍니다. 정신 차립니다. 어머니는 상황을 파악하면서 발생할 수 있는 문제를 생각해 보셔야 돼요. 구성애의 팟캐스트 시즌 2에 5화는 꼭 들어 보세요. 가벼운 사례부터 성폭행으로 발전한 경우까지 폭넓게 다루고 있습니다. 성병 걸린 애도 있고 협박받은 경우도 있습니다. 채팅에서 이렇게 엄청난 사건들이 일어나고 있어요. 이런 사례를 들으면서 아이가 직접 확실하게 느껴야 합니다. "호기심에 쉽게 할 수 있는 일이 아니구나."를 알아야 돼요. 겁만 줘서도 안 됩니다. 행동 방침도 주세요.

앞으로는 절대 얼굴, 몸 사진을 찍지 않아야 합니다. 모르는 사람에게는 학교 등 신상 정보도 알려 주면 안 됩니다. 채팅앱에서 카카오톡으로 넘어오면서 신상 정보가 많이 노출되거든요. 랜덤 채팅에서 만난 사람과 절대로 친구를 맺지 않도록 강조해 주세요. 협박에도 대비해야 합니다. 이 남자들이 아이들한테 너희들이 아청법을 어겼다고 하면서 신고를 못 한다고 협박하는데요. 이것도 사실이 아닙니다. 신고해서 잡아야 돼요. 협박한 사람을 잡아야 깨끗이 끝나요. 꼭 껴안아 주면서 이렇게 이야기해 주세요.

"네가 잘 모르고 채팅을 했지만 넌 굉장히 멋있는 여자가 될 거야. 엄마는 그렇게 믿어. 앞으로도 고민이 있으면 언제든지 애기하렴."

이번 기회에 성교육을 받아야 합니다. 아이는 한 번 겪었기 때문에 더 확실하게 배울 수 있거든요. 어머니 사춘기에 잘 정리해 주면 두 번 다시 안 합니다. 진심이에요. 이렇게 뚫어 나가시기 바랍니다.

중3 딸이 채팅 남과
성관계를 했어요.

중3 딸아이가 채팅으로 알게 된 남자와 한 달 전 성관계를
했습니다. 상대는 20대 초반이라고 해요.
당장이라도 신고하고 싶지만 아이가 처벌을 원하지 않아서
엄두도 못 내고 있습니다.
아이가 워낙 완강해서 다시는 남자를 만나지 않겠다는 약속을
받고 넘어가려고 했어요. 근데 어제 또 그 남자를 만나서
룸카페에서 성관계한 사실을 알게 됐습니다.
남자는 딸을 가지고 놀고 있는데 아이는 남자가 자기를
사랑한다고 착각하고 있는 것 같습니다.
딸은 남자 핸드폰 번호도 알려 주지 않고 있습니다.
하루하루 피가 마릅니다.

 ANSWER   우리 딸들은 왜
              랜덤 채팅에 빠질까?

채팅앱은 아이들에게 너무나 익숙한 문화입니다. 아이들 손마다 스마트폰
이 들려 있고 친구 관계의 중심이 카카오톡, 라인 같은 채팅입니다. 법 제

도가 미치지 않는 랜덤 채팅 세계에서 아이들은 비겁한 남성들의 표적이 되고 있습니다. 채팅 남성들은 여자아이의 이야기를 들어 주고, 예쁘다고 말해 줍니다. 남성에게 예쁘다고 인정받고, 성 욕구의 대상이 되는 일은 그 나이에 최고로 끌리는 일입니다. 옳고 그름의 문제를 떠나서 성적인 매력을 확인받는 일입니다. 무의식적이고 강력한 동기입니다. 성을 표현하고 싶은 욕구도 누군가와 친밀하고 싶은 마음도 있을 거고요.

이런 일이 생기면 많은 부모님들이 분노에 휩싸여 에너지와 힘, 감정을 남성에게 쏟을 수 있습니다. 그러지 마시고 따님에게 집중하세요. 대처도 따님이 원하고 감당할 수 있는 만큼 진행하시기 바랍니다. 상대 남성을 만나거나 전화로 관계를 정리할 필요가 있습니다. 혹시 성관계 사진이나 동영상, 자위나 나체 사진을 보낸 적이 있는지도 확인해 보세요. 이후 협박받을 여지가 있는지 확인하고 대비해야 합니다. 성관계 당시 피임을 했는지 확인하시고, 임신 테스트와 기본적인 성병 검사를 하시기 바랍니다. 비슷한 경험을 한 친구들의 사례도 들려주세요. 채팅앱으로 청소년과 성관계하는 남성들의 특성을 정확하게 짚어 주세요. 성교육도 필요합니다. 성관계를 할 때는 대등한 관계에 있는 두 사람이 어떠한 강요나 부담감 없이 동의해야 합니다. 이것을 지키지 않았다면 성폭력입니다. 생명의 문제도 있기 때문에 반드시 피임을 해야 합니다. 피임을 하지 않는다는 건 여성이 임신으로 겪을 수 있는 사회적, 신체적 어려움에 어떠한 책임도 지지 않겠다는 선언입니다. 상대방 남성이 이런 기준을 지켰는지, 성관계 외에 딸의 학업,

마음과 몸의 건강을 신경 쓰고 배려했는지, 성관계 말고도 서로를 알아 갈 수 있는 시간이나 활동이 있었는지 짚어 주세요. 서로 좋아한다고 믿는 근거가 무엇인지 함께 따져 보세요. 상대방이 나한테 최소한의 감정, 사랑이 있을 거라고 생각했던 믿음이 깨지는 과정에서 진통도 있을 겁니다.

장기적으로는 아이와 관계를 탄탄하게 다지시고, 앞으로 딸이 어떤 성을 지향하고 준비해야 하는지 비전을 제시해 주세요. 가족 관계, 학교생활을 점검해 보시기 바랍니다. 일상 관계에서 충분한 지지와 애정을 받고 있는지, 외로워서 채팅을 찾게 되는 것은 아닌지 짚어 보세요. 부모님께서 모든 역할을 하시기가 어려우실 거예요. 적극적으로 관련 기관에 도움을 청하시고 전문 상담도 받아 보시기 바랍니다. 어떠한 성경험을 했더라도 아이의 가치, 존재가 달라지지 않습니다. 성은 결과가 아니라 과정입니다. 나의 가치를 믿고 그에 걸맞게 선택하면 됩니다. 이런 확신과 희망이 있어야 좌절하지 않고 일어설 수 있습니다. 돌아가고 멈추더라도 방향을 잃지 않으면 됩니다. 아이의 성이 여기서 다 끝난 게 아닙니다. 부모님이 먼저 이런 믿음을 갖고 있으면 아이도 믿고 따라갈 수 있습니다.

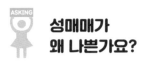

성매매가
왜 나쁜가요?

성매매가 왜 나쁜 거예요?
파는 사람은 돈을 버는 거고 사는 사람은 돈을 지불하고
성적 만족감을 느끼면 되는 거 아닌가요?
성병이나 임신, 피임 같은 건 그 사람들이 알아서 하면 되는데
왜 문제죠?

🎙 **ANSWER** | 성, 관계, 쾌락은
함께 있을 때 아름답다.

아주 좋은 질문입니다. 이런 질문을 통해 성은 무엇인지, 내가 바라는 성은 무엇인지 고민하고 답을 찾아갈 수 있습니다. 우선 친구가 하는 말이 성립 하려면 성매매가 100% 자유의지로 이루어진다는 전제가 필요합니다. 물론 이런 경우도 있겠지만 성매매 구조상 그렇지 않은 상황이 대부분입니 다. 친구가 생각하는 것처럼 당사자들이 자유의지로 성매매를 하고, 폭력 이나 성병 임신을 예방할 수 있는 상황은 굉장히 비현실적입니다. 친구가 말하는 조건을 다 맞춘다하더라도 우리가 지향하고 함께 만들어 가야 할 성의 모습은 아닙니다.

우선 친구가 성매매의 상황을 알 필요가 있습니다. 우리나라 성매매를 좀 더 들여다봅시다. 최근 한국 성매매 특징은 크게 3가지로 볼 수 있습니다. 첫 번째는 굉장히 일상적이라는 것입니다. 접대 문화가 여전하고 계약을 따기 위해서 억지로 성매매 업소에 가야 하는 상황이 벌어집니다. 어둡고 불편한 진실이지만 분명 존재합니다.

두 번째 특징은 10대 여자 청소년들을 대상으로 한 성매매입니다. 가출한 청소년들이 성매매에 노출되고, 랜덤 채팅은 성매매와 성폭력의 통로가 된지 오래입니다. 성 지식, 몸 발달, 힘, 권력이 평등하지 않은 상황에서 100% 동의가 가능할까요? 총, 칼로 협박하지 않는다고 해서 100% 동의라고 할 수 있을까요? 약속한 대로 돈을 주고 생명까지 고려해서 피임을 할 사람들은 성매매를 하지도 않습니다.

세 번째는 국제적 문제입니다. 동남아 일대를 주변으로 한국 사람들이 성매매를 하고 있습니다. 이 사이에서 태어난 혼혈인들을 부르는 말이 따로 생길 정도이고요. 이 아이들이, 이 여성들이, 그들의 가족들이 한국을 어떻게 생각할까요? 우리 한 명 한 명이 대한민국입니다. 그 사람으로 한국을 기억해요.

기본적으로 성매매를 하는 사람들은 돈이면 다 된다는 생각을 갖고 있습니다. 성매매를 하는 사람들은 피임하지 않습니다. 성병 예방하고 여성의 몸이나 인권을 지키려는 마음은 없습니다. 돈을 줬으니 무슨 일이든 해도 된다고 생각하지요. 친구가 말한 이상적인 조건 자체가 어려워요. 이런 배경임에도 불구하고 친구가 말한 기준을 다 갖췄고 당사자들이 성인이라면, 100% 서로의 자유의지로 성매매를 선택했다면 도덕적으로 돌을 던질 수는 없지요. 하지만 성매매는 여전히 법적으로 불법입니다.

더 좋은 사회를 위해 더 높은 성을 향해 가도록 분위기를 새롭게 할 필요가 있습니다. 우리가 지향할 수 있는 높은 수준의 성이 있습니다. 우리가 나아갈 방향은 성과 사랑, 관계, 쾌락이 함께 있는 모습입니다. 성과 관계, 쾌락이 분리되면 문제가 생깁니다. 건강한 관계 위에 건강한 성이 깃듭니다. 친구가 더 나아가야 할 성은 사랑하는 사람과 성을 즐기는 높은 차원입니다. 상대방을 그대로 이해하고 서로에 대한 믿음이 있는 상태이며, 생명도 책임지는 당당하고 자유로운 단계입니다. 생명, 사랑, 쾌락이 모두 있고 서로가 하나라는 바탕이 있으면 자유와 성장에 가까워집니다. 님이 먼저 어두운 한국 성 문화를 밝히는 사람이 되어 주시길 부탁합니다.

8년 전 딸이 성추행을 당했다는 사실을 알게 됐어요.

중1 아이를 둔 엄마입니다.
우연히 딸이 자위하는 걸 알게 됐어요. 놀라긴 했지만
여자아이라도 그럴 수 있다고 이야기를 해 줬습니다.
그런데 딸아이가 유치원 때 놀이터에서 어떤 아저씨가 화장실로
데려가서 팬티를 벗겨 생식기를 빨았다는 거예요.
그때부터 생식기를 만지기 시작했다고요. 자위하는 자신이
이해되지 않는다고 합니다. 아이가 얼마나 놀랐을지 생각만 해도
끔찍합니다. 그런 일이 있었을 거라고는 상상도 하지 못했어요.
어떻게 해 주면 아이 상처를 보듬어 줄 수 있을까요?

 ANSWER 중요하고
결정적인 순간입니다.

갑작스러운 딸아이의 고백에 많이 놀라셨죠? 자꾸만 그 상황이 머리에 그려지고, 가해자에 대한 복수심이 휘몰아칠 것입니다. 딸이 성 경험을 했다는 생각에 좌절하는 부모님들도 많이 계시죠. 어렸을 때 성추행을 당했을 경우, 사춘기 때 당시 일을 새롭게 정의합니다. 성교육이나 성폭력 기사,

주변 사람들의 이야기 등 여러 가지 계기가 있습니다. 이번 기회를 놓치지 마시고 잘 정리해 주세요. 중요하고 결정적인 순간입니다.

딸에게는 어떠한 잘못도, 어떠한 책임도 없습니다. 성추행은 오롯이 가해자의 선택이며 책임입니다. 혹시 있을지 모르는 자책감을 덜어 주세요. 순결의 문제도 중요합니다. 처녀막 위주의 순결관을 기준으로 삼으면 성폭행 피해자도 순결하지 않다고 생각할 수 있어요. 스스로 더럽혀졌다는 생각에 괴롭습니다. 순결의 기준은 성 경험이 아닙니다. 관계에서의 진실성, 책임감, 배려가 척도입니다. 순결은 한순간에 결정되고 불변하는 무엇이 아닙니다. 아이가 잘못된 순결관에 매이지 않도록 도와주세요. 부모님이 먼저 이 내용을 완전히 이해하고 동의하셔야 말에 힘이 실리고 희망의 빛이 보입니다.

자위 문제도 중요합니다. 생식기는 신경 다발이 모여 있어서 가볍게 스치기만 해도 감각을 느낄 수 있는 기관입니다. 자극을 받으면 혈액이 모이면서 뭉근한 느낌이 들고, 모였던 피가 흩어지면서 이완됩니다. 이 과정에서 쾌감을 느낍니다. 성관계 욕구와는 상관없이 일어나는 기계적인 반응입니다. 이렇게 성추행으로 생식기를 자극받은 일이 계기가 돼서 자위를 시작할 수 있습니다. 성추행이나 폭행이 고통스러웠던 것과 별개입니다. 아이 스스로 분명히 내가 싫은 일을 당했는데도 감각적으로 이런 느낌이 들었던 것이 혼란스러울 수 있어요. 기계적 쾌감이라는 부분은 확실히 짚어 주세요. 이게 아주 중요합니다. 성폭력이 일어났을 때 이런 생식기 감각을 가지고 피해자도 즐긴 것이 아니냐는 잘못된 논리를 주장하는 사람들이 아직도 있습니다. 따님도 성추행을 당한 다음 자위를 하는 자신을 어떻게 받아들여야 하는지 혼란스러울 거예요. 자위와 순결관, 생식기의 감각적 측면만 정확히 이해하게 해 주셔도 절반은 성공입니다. 전문 상담기관을 찾아서 적극적으로 상담도 진행하시길 바랍니다.

짧은 바지를 입으면
성범죄를 당한다?

어제 고등학교 1학년 아이에게 있었던 일입니다.
여름이라 아이가 짧은 반바지를 입고 다니는데요.
동네 할아버지가 지나가면서 "너, 왜 이렇게 짧은 바지를 입었어?
남자들도 본능이 있는 거야. 여자들이 짧은 하의를 입으니까
성범죄가 일어나는 거야."라고 했답니다.
아이는 기분이 나빴다고 했습니다. 그런데 문제는
학교 성교육에서도 남자들은 시각으로 성을 느끼고 예민하다는
교육을 받고 나서 아이가 혼란스러워 하네요.
여자들의 짧은 하의가 성범죄에 영향을 끼칠 수 있나요?

 ANSWER | 성폭력은
100% 가해자의 책임입니다.

피해자에게 책임은 1%도 없습니다. 어떤 옷을 입었는지, 행동을 했는지도
상관없습니다. 우선 할아버지 말을 듣고 불쾌한 것은 정당한 감정이라고
이야기해 주세요. 성폭력 통념도 잘 짚어 주시기 바랍니다. 성폭력은 다른
폭력과 범죄와 마찬가지로 100% 가해자의 선택이고 책임입니다. 여자가

술을 마셨다거나, 짧은 바지를 입어서 성폭력을 당한다는 말은 성립되지 않습니다. 성폭력의 본질은 성욕, 성 충동이 아니라 힘의 문제입니다. 물리적, 사회적, 경제적 지위가 강한 사람이 약자에게 행하는 폭력입니다. 가해자들은 성 욕구를 채우려고 성폭력을 가하는 것이 아닙니다. 남자들이 성 충동을 못 이겨서가 아닙니다. 여자가 짧은 바지를 입어서 성폭행을 당한다는 생각은 성폭행이 성 충동 때문에 일어난다는 잘못된 생각에 뿌리를 둡니다. 이런 생각은 모든 남성을 잠재적 가해자로 만드는 생각입니다. 가해자들이 자신의 행동을 합리화하려는 논리일 뿐입니다. 우리가 이런 변명에 속아야겠습니까? 남자는 성 충동을 조절할 수 있습니다.

길을 가다가 소매치기를 당했습니다. 이게 피해자 때문입니까? 피해자가 가해자를 유도했나요? 아니에요. 근데 유독 성폭력에서만 피해자에게 원인을 찾는 잘못된 통념을 깨야 합니다. 가해자들은 성폭력을 하기로 선택했을 뿐입니다. 우리 딸들은 거짓말에 속지 말아야 합니다. 수많은 드라마, 뉴스, 개그 프로그램, 웹툰, 일상생활에서 성폭력에 대한 잘못된 통념들이 숨겨져 있습니다.

학교에서 교육받은 내용은 에티켓 차원으로 접근합시다. 요즘은 노출이 심하고 기준도 없고 분별도 없습니다. 때와 장소에 따라 실례가 될 수 있다는 생각이 없습니다. 학교나 학원에서 노출이 심한 옷 입고 다리 쩍쩍 벌리고 있습니다. 광고, 드라마, 게임, 자극적인 춤과 노래, 음란물이 우리를 가만히 두지 않습니다. 굉장히 자극하고 있습니다. 여자가 남자를 위해서 맞추라는 뜻이 아닙니다. 옷차림 때문에 성폭행, 성추행을 당하다는 말도 아닙니다. 자극적이라는 상황만 이해해 달라는 것입니다. 이런 배경을 모르면 '내 멋인데 어때.', '내가 왜 다른 사람들 때문에 내 옷도 마음대로 못 입어?'라는 생각이 다른 사람들을 불편하게 할 수 있습니다. 때와 장소를 맞게 옷을 입는 태도가 반드시 필요합니다. 시간, 장소, 경우에 어울리게 옷차림을 선택하는 것도 지혜입니다.

이것도
성폭력이에요?

저는 고1이고 남자 친구도 동갑내기입니다.
학교도 같고 집도 가까워서 친하게 지내다가 사귀게 됐습니다.
손도 잡고 포옹은 자주 했었는데 지난 2월부터 남자 친구가
만날 때마다 성관계를 시도했어요. 제가 싫다고 하면
왜 싫냐고 하고, 피임하면 괜찮다고 자꾸 이야기를 꺼내요.
은근슬쩍 더듬는 날도 많았거든요. 남자 친구가 힘이 세니까
몇 번을 억지로 관계도 맺었어요. 이거 성폭력인가요?

 ANSWER | 네 잘못이
아니야

님께서 싫다고 했는데 억지로 성관계를 했다면 명백한 성폭력입니다. 성
폭력은 무엇입니까? 미친 사람이나 괴물 같은 사람이 칼을 들고 위협하면
서 성관계를 하는 상황만 성폭력인가요? 아닙니다. 성폭력은 나의 동의 없
이 가해지는 모든 성적 행동입니다. 직접적인 성기 삽입은 물론이고 스킨
십, 성적인 메시지, 사진 전송, 대화가 모두 포함됩니다. 아직 성폭력에 대
한 인식이 부족하여서 죽을 만큼 큰 상해를 입거나 물리적 폭력이 가해지

지 않으면 성폭력이라고 생각하지 못하는 경우가 있습니다. 몸에 큰 상처가 없다고 피해자의 진술을 의심하기도 하지요. 특히 아는 사람, 친밀한 사이인 부부나 연인 관계에서 일어나는 진짜 성폭력은 뉴스나 미디어에서 자극적으로 잘못 소개하는 성폭력 가해자와 다른 경우가 많습니다. 이렇게 미디어를 통해 배운 내용과 실제 상황이 달라서 피해자들이 성폭력을 성폭력으로 파악하는 데까지 시간이 걸립니다. 대처도 늦어지고요. 대처가 늦으면 "성폭력이었는데 왜 이렇게 늦게 신고했냐?", "처음 성관계할 때는 괜찮았는데 앙심을 품고 뒤늦게 성폭력으로 신고하느냐?"는 비난을 받을 수도 있지요. 데이트 성폭력에 '잘못된 첫 관계', '난폭했던 성관계', '기분 나쁜 기억'이라고 이름을 붙이고는 합니다. 우리가 아는 사이의 성폭력, 피해자의 상황, 입장을 너무 모르는 거예요. 아직도 성폭력에 대해서 잘못된 통념이 만연합니다. "남자는 성적 충동을 조절할 수 없다.", "성 욕구는 어떻게든 해소해야 한다.", "남자는 성 경험이 많아야 한다.", "여자는 겉으로는 성관계가 싫다고 해도 속으로는 좋아한다.", "성폭력에는 여자의 책임도 있다." 이렇게 수많은 거짓이 우리를 혼란스럽게 합니다. "남자는 여자보다 성욕이 많으니까.", "나는 여자 친구니까 남자 친구 요구를 받아 줘야 해.", "성관계를 안 해서 헤어진다고 하면 어떡하지?" 하는 생각에 내키지 않는 성관계를 하기도 합니다.

지금 설명한 내용을 바탕으로 내가 겪은 경험이 무엇인지 정확히 판단하세요. 책을 추천해 줄게요. <그것은 썸도 데이트도 섹스도 아니다>, <용서

의 나라>를 읽어 보세요. 내가 경험한 일을 왜 성폭력이라고 확신하지 못했는지 철저히 질문하고 답을 찾으세요. 누구도 대신해 줄 수 없는 일입니다. 내 안에 수많은 성 통념부터 깨부수세요. 친구가 준비되어 있어야 성폭력이 아니라는 가해자의 변명에도 조목조목 반박하고 설명할 수 있어요. 모든 책임과 수치심은 가해자가 지고 가야 합니다.

성폭력은 또 일어납니다. 바로 남자 친구와 관계를 정리하세요. 폭력적인 성향이 있는 친구이기 때문에 부모님, 지인들의 도움을 얻어서 혹시 있을지 모르는 추가 폭력에도 대비해야 합니다. 헤어지기 위해서 남자 친구를 만날 때도 사람들이 많은 공개된 장소에서 만나세요. 부모님이나 신뢰할 수 있는 어른, 친구와 동행하기 바랍니다. 내가 왜 헤어지고 싶은지, 강제적인 성관계는 성폭력이라는 점을 분명히 말하세요.
추후에 신고나 처벌을 원한다면 성폭력 피해자 지원 센터, 경찰, 변호사에 도움을 받아 진행하시기 바랍니다. 어떤 절차가 진행되고 필요한 내용은 무엇인지 미리 알아보고, 어떻게 증거를 모아야 하는지도 알아야 합니다. 상담도 필요합니다. 이번 일이 아니었더라도 필요한 공부들이 많습니다. 성폭력 후유증을 줄이기 위해서라도 반드시 정리하고 넘어가야 할 부분들이 많습니다. 혼자 하려고 하지 말고 지지해 줄 사람들을 찾으시고, 성폭력 피해자를 전문적으로 지원해 주는 기관에 문을 두드려 보세요. 손을 내밀면, 손을 잡아 줄 사람들이 보일 거예요.

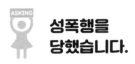

성폭행을
당했습니다.

올해 고3인 여학생입니다. 시간은 많이 흘렀지만
아직도 깜짝깜짝 놀라고, 정신적인 충격에서 헤어나질 못하고
있어 이번 기회에 이렇게 상담을 합니다.
초등학교 2학년 때 처음으로 성폭행이라는 걸 당했습니다.
너무나 어린 나이였고 충격적이었습니다. 아직도 엄마랑 저만
이 사실을 알고 있습니다. 이런 경험 때문인지 요즘도 남자를
멀리하고요. 세세한 것에도 깜짝깜짝 놀라 너무 예민하단 소리도
듣습니다. 솔직히 누군가와 살이 닿는 자체가 싫습니다.
그래서 친구들과 스킨십도 잘 하지 않게 됩니다.
초등학교 2학년 때 그렇게 씻을 수 없는 상처를 안게 된 지
얼마 후인 초등학교 3학년 때는 엘리베이터에서 우연히 같은 동에
사는 오빠를 만났습니다. 직접적인 성폭행은 아니지만 제 뒤로
와서 성적인 행동을 하고 바로 내리더군요. 너무 황당했습니다.
이런 일을 두 번이나 겪고 나니 세상이 막막합니다.
정신과 상담도 받아 본 적이 없어요. 마땅히 하소연할 곳도 없고,
왜 내가 이런 일을 당해야만 했는지 너무나도 속이 상합니다.
좋은 조언 부탁 드리겠습니다.

사랑스러운 님은 소중한 첫 걸음을 내딛었습니다. 이렇게 자기 아픔을 글로 표현했다는 것 자체가 치유와 회복의 과정이기 때문입니다. 이제부터는 밝고 강인하게 성숙하는 일만 남았답니다. 같은 경험을 했던 사람으로서 깊은 애정과 위로를 보냅니다. 저도 초등 3학년 때 성폭행을 당했고 후유증도 심하게 겪었답니다. 자세한 이야기는 저의 책 <니 잘못이 아니야>에 나와 있습니다. 나중에 여유가 있을 때 읽어 보시기 바랍니다. 어려움을 이겨 내고 성숙하려는 과정이 많이 실려 있답니다. 도움이 되었으면 좋겠습니다.

❶ 님의 잘못이 아닙니다.

제가 성폭행을 당한 일을 아시고 우리 어머니가 저에게 던진 첫 마디는 "네 잘못이 아니야."였습니다. 혼날 것만 걱정하던 나에게 "네 잘못이 아니야."라는 어머니의 한마디는 등불과 같은 희망의 말이었고, 그 순간 모든 것이 밝아졌습니다. 가해자는 고등학교 2학년인 옆집 오빠였는데, 우리 어머니는 그 오빠의 잘못이고, 내 몸은 깨끗하다고 했어요. 그 오빠가 더러운 사람이라고요. 저는 이것으로 간단명료하게 정리했습니다. 그리고 나를 더 사랑했습니다. 그 결과 이렇게 성교육 강사가 되었습니다. 님도 다시 한번 생각해 보세요. 몇 번을 당했든 님의 잘못은 하나도 없어요. 이 이유만으로도 님은 당당하고 떳떳하게 살아가야 합니다.

2 **아픔을 자신만의 것으로 가둬 둔다면 슬픔과 분노밖에 없어요.**

자신의 아픔을 다른 사람의 고통을 이해하는 자양분으로 쓴다면 새롭게 할 일이 생기고 진정으로 그 문제를 극복하게 됩니다. 주위를 살펴보면, 말을 하지 않아서 그렇지 님처럼 저처럼 성폭행과 성추행을 당한 사람이 너무나 많아요. 그런 사람들에게 제일 필요한 것이 무엇일까요? 바로 님 스스로 상처로부터 회복하고 나의 삶을 하루하루 충분하게 살아 내는 것입니다. 남아 있는 삶이 많기에, 고통을 당했기 때문에 우리는 더욱 재미있고 활기차게 살아야 하잖아요. 님의 아픔을 통해 다른 사람의 아픔을 보세요. 또 다른 사람에게 희망이 되어 주세요.

3 **통하는 사람들을 만나서 풀어 보기 바랍니다.**

이런 모든 정리가 한번에 쉽게 되지는 않겠지요. 저만 해도 긴 시간이 필요했으니까요. 그렇지만 제일 큰 위로는 비슷한 경험을 한 사람들의 이야기를 들어 보는 일입니다. 회복 모임에 참가해도 좋고, 관련 에세이를 봐도 좋지요. 전문가의 상담도 꼭 받아 보시기 바랍니다. 후유증이 한번에 마법같이 사라지거나 아픔이 없어지는 방법은 없습니다. 하지만 분명 어제보다는 오늘이, 오늘보다는 내일이 더 나을 거예요. 그 회복의 길에 상담사, 친구, 같은 경험을 한 사람들, 부모가 함께라면 끝까지 걸어갈 수 있습니다.

④ 몸부터 활기차게 만들어 자신감을 가지세요.

무엇이든 몸을 단련시키는 운동을 해 보세요. 의외로 용기가 생기고 자신감이 싹터요. 몸이 활기차면 마음도 강해지거든요. 몸이 마음에, 마음이 몸에 영향을 미친답니다. 남들이 볼 때 별일이 아닌, 나만 아는 작은 성공이라도 성공을 여러 번 경험하고 자신감을 쌓는 것은 너무나 소중합니다.

무조건 자신의 몸과 마음을 사랑해 보세요. 아름다운 성은 아픔을 뚫고 이겨내며 남을 이해하고 도와줍니다. 누구보다 멋진 성의 주인공이 될 수 있어요.

함께 읽는 성 이야기

 외로운 청소년들의 슬픈 놀이터, 채팅앱

푸른아우성은 SBS스페셜 팀과 랜덤 채팅에 관한 공동 취재를 진행했습니다. SBS 법률팀과 서울 사이버 수사대의 협조를 받아 아우성 담당자가 직접 랜덤 채팅을 하고 여자 청소년들을 만나서 인터뷰를 했습니다.

채팅에는 이미 손쉽게 성매매를 할 수 있는 환경이 조성되어 있습니다. 성인들은 채팅앱으로 쉽게 성매매 대상을 구할 수 있고, 청소년은 성적 행동을 시도해 볼 수 있습니다. 실제로 많은 청소년들이 조건 만남을 하고 있었고, 실제 인터뷰 대상자들 중에서는 고등학생이 가장 많았습니다. 개인적으로 성매매를 하는 청소년들도 있지만 전문 성매매 중개업체들도 많이 개입했습니다. 랜덤 채팅 생태계를 직접 체험하면서 채팅에 성매매가 얼마나 깊숙이 들어왔는지 확인했습니다.

랜덤 채팅앱 종류는 굉장히 많습니다. 대부분의 채팅앱에는 성별, 나이, 대화명만 입력하면 가입할 수 있습니다. 일단 채팅앱에 들어가면 '한 시간에 얼마' 이런 식의 대화 제목들이 수두룩합니다. 채팅방에 들어가면 대화도 필요 없습니다. 성별, 나이만 확인하고 가격 흥정에 들어갑니다. 성관계 시간이나 성행위에 따라 금액이 달라집니다. 조건 만남뿐만 아니라 입었던 속옷이나 성기 사진, 자위 사진, 자위 영상도 거래됩니다.

19 랜덤 채팅 피해 유형

랜덤 채팅에는 서로 성기 사진을 보내 주는 문화가 있습니다. 문제는 동의를 하지 않은 무방비 상태에서 성기 사진을 받는 경우입니다. 일명 '사이버 발발이', '성기 투척'이라고 하며, 채팅방에 들어 가서 성기 사진을 전송하고 나와 버립니다. 서로 성기 사진을 교환하기로 해놓고 여성 사진만 받고 채팅방을 나가 버리는 경우도 부지기수입니다. 이때부터 사진이 도용되지 않을까 하는 생각에 불안과 후회에 사로잡힙니다. 성기 사진을 보냈기 때문에 도움을 청하기도 어렵습니다. 우연히 얼굴이나 특정 신체 부위, 신상 정보를 알 수 있는 내용이 찍혔다면 이걸 빌미로 자위나 특정 자세로 사진을 찍어서 보내라고 협박당할 수 있습니다. 성폭행으로도 발전할 수 있습니다. 협박을 받고 있다면 2차 피해를 막기 위해서 반드시 부모님이나 신뢰할 수 있는 어른에게 알려야 합니다.

19 소녀들과의 인터뷰

채팅 피해를 당한 여학생들은 공통적으로 상대방이 자신을 예쁘다고 했다고 강조합니다. 아저씨들이 몸매가 좋고 가슴이 예쁘다고 했던 일을 좋았던 일로 기억하고 있습니다. 아버지뻘 되는 남자가 여자 청소년의 가슴이나 생식기를 보고 예쁘다고 하고, 사진, 영상, 성관계까지 하는데 좋은 사람이라고 할 수 없습니다. 내 말을 들어 주고 예쁘다고 말하더라도 청소년과 성관계를 하고, 성적인 사진을 요구한다면 성 범죄자라는 기준을 가져야 합니다.

19 지침 및 교육

모르는 사람에게 절대로 얼굴이나 신체 사진을 보내지 않습니다. 랜덤 채팅에서 만난 상대에게 카카오톡이나 라인 등 메신저 아이디를 알려주지 않습니다. 메신저 아이디도 전화번호와 이름같이 개인 정보로 생각하고 관리해야 합니다. 메신저 아이디와 메일 주소, SNS 계정을 똑같이 사용할 경우, 추적해 올 수 있습니다. 최신 랜덤 채팅 범죄나 SNS 범죄 수법도 눈여겨봐야 합니다.

무능력한 성인 남성들이 청소년들에게 손을 뻗고 성관계를 시도합니다. 성적으로 무기력하고 비겁한 행동입니다. 어른으로서 양심은 없어졌고 어른들이 불편한 진실을 외면했습니다. 직접 채팅을 하지는 않았더라도 어른이라면 큰 맥락에서 모두 책임이 있습니다. 현실은 바닥을 쳤습니다. 어두운 새벽입니다. 불편한 진실이지만 우리가 함께 힘을 모아서 뚫고 나갑시다.

*본 내용은 구성애의 팟캐스트 시즌2 랜덤 채팅편에서 발췌한 내용입니다.
전체 내용이 궁금하시다면 유튜브와 팟빵에서 들어 보실 수 있습니다.

 성폭력 통념을 뛰어넘자

통념1. 성폭력은 젊은 여성에게만 일어난다.

→   성폭력은 남녀노소 누구에게나 일어날 수 있습니다.

통념2. 여성이 스스로 조심하면 성폭력을 막을 수 있다.

→   성폭력이 일어났을 때 피해자에게는 어떠한 책임도 없습니다. 피해자에게서 성폭력이 일어난 원인을 찾으려는 시도를 멈춰야 합니다.

통념3. 대부분의 성폭력은 낯선 사람에 의해 발생한다.

→ 아는 사람에 의한 성폭력이 월등하게 많습니다. 모르는 사람에게 일어난 성폭력보다 후유증이 더 클 수 있습니다. 가해자가 친척이나 가족이라고 억지로 용서하면, 피해자는 이중으로 고통에 시달리며 세상과 인간에 대한 신뢰가 무너집니다. 아는 사람에 의한 성폭력일 경우, 가해자가 피해자의 집, 이름, 전화번호 등 개인 정보를 알고 있어서 더 위험합니다. 신고가 어려운 상황일 수 있습니다. 성폭력이 일어난 이후에 가해자와 피해자가 연락을 주고받는 등 일상적인 생활을 하는 것처럼 보일 수도 있습니다.

통념4. 데이트 폭력은 성폭력이 아니라 조금 난폭한 성관계다.

→ 전혀 그렇지 않습니다. 아는 사람, 연인 사이에서의 폭력도 분명한 성폭력입니다.

통념5. 성폭력은 억제할 수 없는 남성의 성 충동 때문에 일어난다.

→ 인간은 충분히 충동을 조절할 수 있습니다.

통념6. 여자들은 강간당하기를 원한다.

→ 절대 있을 수 없는 일입니다.

통념7. 끝까지 저항하면 강간은 불가능하다.

→ 그렇지 않습니다. 이러한 잘못된 인식이 피해자들을 더 힘들게 만듭니다.

성폭력을 당할 때 저항하라는 것은 죽으라는 말과 다르지 않습니다. 죽더라도 성폭력을 피하라는 말이 됩니다. 성폭력을 당하지 않는 것이 죽는 것보다 중요한가요? 더구나 물리적으로 힘이 월등히 강한 상대에게 저항할 수 없게 제압당합니다. 몸에 상처가 없으니 저항을 하지 않았고 성폭력으로 인정해 주지 않는 인식을 바꿔야 합니다. 철저히 피해자 입장에서 서서 생각해야 합니다.

통념8. 강간범은 정신 이상자다.

→ 성폭력 가해자 절대 다수는 일반인입니다. 성폭력 가해자를 괴물로 묘사해서는 안 됩니다. 이런 통념은 아는 사람에 의한 성폭력을 예방하는 데 오히려 걸림돌이 됩니다. 성폭력 가해자를 특정한 이미지나 외모, 직업군으로 묘사하지 않아야 합니다.

통념9. 여자들의 야한 옷차림과 행동이 강간을 유발한다.

→ 표현의 자유는 소중합니다. 야한 옷차림과 성폭력은 상관없는 일입니다. 이런 논리는 가해자가 자신의 행동을 합리화하려는 노력일 뿐입니다. 이런 주장은 성폭력이 남자가 성 충동을 억제하지 못하기 때문에 일어난다는 논리입니다. 성폭력은 오롯이 가해자의 선택입니다. 수치와 책임은 피해자가 아니라 오직 가해자가 지고 가야 합니다.

데이트 폭력이란?

데이트 폭력은 두 사람이 서로 사랑의 감정이 있거나 그 가능성을 인정하고 만나는 과정에서 일어나는 성폭력입니다. 일반적으로 데이트 상황에서 상대방으로부터 강요나 조종에 의해 일어나는 성폭력입니다. 적극적인 동의 없이 하는 성관계로 정의할 수 있습니다. 데이트 폭력의 경우, 피해자 스스로 성폭력이라는 사실을 깨닫기까지 시간이 걸릴 수 있습니다. 서로 사생활이나 개인 정보를 아는 관계이기 때문에 더 위험할 수 있습니다. 신고 초기에 제대로 된 수사나 대처가 진행되지 않을 경우 보복을 당할 위험성이 높습니다. 애정 표현을 가장한 끈질긴 괴롭힘, 스토킹, 협박, 폭행, 금품 갈취 등이 행해지기도 합니다. 아직도 한국 사회에서는 데이트 폭력에서 성폭력이 아니라 데이트에 방점을 찍습니다. 연인 관계에서 있을 수 있는 일이라는 생각이 많고, 성폭력이 아니라 거친 성관계쯤으로 인식합니다. 두 사람의 관계에 상관없이 적극적인 동의 없이 진행한 성관계는 성폭력입니다. 이런 기준이 있어야 성폭력을 당했을 때 성폭력으로 인식하고 주변에 도움을 요청할 수 있습니다.

데이트 폭력 시나리오

데이트 폭력 시나리오를 알고 있으면, 위험한 상황인지 아닌지 빠르게 판단할 수 있습니다. 자신이 예민한 건 아닌가라는 생각을 하지 말고 조금이라도 위험하다고 느끼면 자기 직감을 믿고 둘이 있는 장소에서 나오거나 바로 도움을 청해야 합니다.

1단계 호감이 생깁니다.

2단계 가해자의 왜곡된 여성관이 여러 행동에서 나타납니다. 여성을 존중하지 않습니다.

3단계 가해자는 여성을 열등한 존재처럼 취급하고 주도권을 가지려고 합니다. 상대방의 행동이나 행동 반경을 통제하려고 합니다.

4단계 억제력을 약화시키기 위해 술이나 약물을 사용합니다.

5단계 피해자가 잘 모르거나 처음 방문하는 장소, 외딴 곳으로 이동합니다. 동행이 있다고 속이고 가는 경우도 있습니다.

6단계 피해자는 뭔가 불안해도 자신이 예민하다고 생각하거나 그럴 일 없을 거라는 생각에 탈출 기회가 사라집니다.

7단계 가해자는 신체적 폭력 혹은 언어적 학대로 성관계에 협조하도록 강요당합니다.

8단계   성폭력이 일어난 뒤 가해자는 아무 일이 없었던 것처럼 행동합니다. 오히려 더 잘해 주는 모습, 달라진 행동을 보여 주려고 합니다.

9단계   후유증. 신뢰감에 대한 상실, 배반감이 듭니다. 스스로를 비판합니다.

 데이트 폭력 예방법

① **정확하게 서로의 의사를 말하고, 듣습니다.**
둘이 한 공간에 있다거나, 여행을 간다고 해서 성관계에 동의한다는 의미는 아닙니다. 여행을 가는 것, 둘이 한 공간에 있기를 원한다는 것 자체를 동의할 뿐입니다. 성관계를 하기로 했다가도 마음이 바뀌면 바로 중단해야 합니다. 성관계에 동의한다고 어림짐작하지 말고 서로 명확하게 표현하고 묻고 대답을 들어야 합니다.

② **적극적으로 동의하지 않으면 성관계를 거절한 거라고 생각합니다.**
가만히 있다고 성관계에 동의하는 것은 아닙니다.

③ **여성의 "아니오."는 확실한 거부입니다. 내숭이나 쑥스러운 것이 아닙니다.**

④ 언어 외에도 몸짓, 눈빛, 말투로도 상대방의 감정을 읽는 능력을 키웁니다.

⑤ 데이트 상대를 선택할 때는 다음과 같은 사람은 피합니다.
- 나를 평등하게 대하지 않고 무시하거나 모든 사안을 자기 마음대로 결정하는 사람.
- 외모 지적이 심하고, 자신의 스타일대로 상대방을 꾸미길 바라는 사람.
- 여자가 데이트 비용을 내려고 하면 못 견디고 과하게 화를 내는 사람.
- 나의 행동과 생활을 조종하려는 사람.
- 다른 사람을 혐오하는 발언을 하는 사람.
- 소유욕과 질투심이 강하거나, 힘이나 말로 다른 사람을 공격하는 사람.

함께 읽는
성
이야기 **같이 보기**

책

<용서의 나라> 토르디스 엘바, 톰 스트레인저 | 책세상 | 2017년

<그것은 썸도 데이트도 섹스도 아니다> 로빈 월쇼 | 미디어일다 | 2015년

동영상

<Tea Consent > 제작: Blue Seat Studios

이 책을 읽는
여자 청소년들에게
아우성 선생님들이
보내는 편지

나는 어떤 사람의 마지막 모습이 가장 강력하고 오래 기억에 남는다고 생각해. 잘 사귀고 즐겁게 지냈더라도 이별의 순간이 엉망이라면 그 친구를 사귀었던 추억까지 망가지고 후회가 될 수 있어. 서로 헤어지기로 결정했더라도 나의 아름다움을 발견해 준 사람, 자신의 시간을 나에게 나눠 주고 추억을 공유한 사람으로서 정중하게 예의를 갖추고 이별의 인사를 나누기 바라. 너부터 잘 헤어질 수 있는 사람이 되고. 잘 헤어질 수 있는 사람을 알 수 있는 안목을 기르자. 여성 생식기, 자궁, 성감대도 잘 알아야지. 소통하는 능력도 중요해. 부끄러워하지 말고, 터부시하지도 말고. 성을 잘 알고, 표현할 수 있는 사람이 멋진 사람이야. 성적으로 능력이 있는 여성들이 되어 줘. 진심으로 너희가 새 시대에 성 문화를 이끌어 가야 할 사람들이라고 생각해.

💬 **엘리스**/박송이

SNS, 유튜브, 친구의 권유, 호기심, 실수로 음란물을 보게 되는 경우가 참 많아. 어떤 계기로든 한 번쯤은 보게 될 수 있는데 맘에 너무 담아 두지마. 너의 잘못이 아니야. 진짜 성을 배우고 준비해야 할 시기에 음란물에 속지 말고! 이 책을 읽으면서 음란물을 보더라도 진짜와 가짜 성을 분별할 수 있는 중심 있는 사람이 되길! 나는 연애를 하면서 상대방에게 상처도 주고 실수를 많이 했어. 힘들어 할 때 응원해 주지 못하고, 좋은 일일 때 격려하지 못했지. 연애를 겪으면서 깨달은 것이 있다면 연애는 혼자 하는 것이 아니라는 거야. 사랑스럽기만 하던 상대방의 미운 점도 보이고 싸우는 일도 생기지. 늘 좋을 수는 없으니까. 서로 이해하고 배려하지 않으면 관계는 발전할 수 없어. 상대방의 입장에서 한번 더 생각해 보는 연습을 해 본다면 누구를 만나도 아름다운 커플이 될 수 있을 거라고 생각해.

💬 **자몽** / 김동명

음란물을 봤다면 정말 많이 놀라고 충격이 컸을 거야. '우리 엄마, 아빠도 저런 행동을 한다는 건가?'라는 생각에 마음이 더 불편하고 힘들지도 모르겠다. 하지만, 그건 진실이 아니야. 정말 사랑하는 사람들이 존중하고 배려하는 성은 멋지고 아름다워. 몸도 마음도 다 자라서 내가 원할 때 하면 정말 신나고 기분 좋은 일이야. 음란물이 나오는 가짜 성이랑 진짜 아름답고 멋진 성을 같은 거라고 생각하면 안 돼. 음란물 속에 묘사된 사랑은 너무나 편협하고 잘못된 일이란 걸 잊지 마.

💬 **사수자리** / 김정은

일단 축하해! 처음 내 몸에서 피가 나온다고 생각하면 불안하고 놀랐을 수도 있어. 하지만 모든 여자라면 다 하는 거니까 걱정 말고, 몇 번 하면 아마 익숙해질 거야. 사람에 따라 생리통이 있을 수도 있겠다. 생리통이 심하면 약을 먹는 것도 괜찮아. 몸을 따뜻하게 하고, 그날만큼은 푹 쉬도록 해. 생리대는 여러 종류가 있으니 자신에게 맞는 걸 잘 사용하도록 하고, 처음 생리를 할 때 친구들에게 창피해서 말하지 못하는 경우도 많은데 생리는 창피해할 일이 아니야. 여자라면 중학교만 돼도 다 생리하고 서로 정보도 공유해. 여자 친구들끼리 서로 축하할 일이야. 고등학생이 되고 성인이 되면 성관계에 대한 궁금증도 생기고 해 보고 싶은 마음도 생길 거야. 그전에 너희가 꼭 기억해야 될 것이 있어. 성관계는 둘이 하는 것이기 때문에 꼭 서로 동의하에 준비 하는 것이 좋아. 남자 친구와 성관계 전에 여러 가지를 이야기 해 보자. 어디서 할 건지, 피임은 어떤 방법으로 할 건지, 둘이 원하는 성관계는 어떤 것인지 충분히 이야기를 해 봐. 준비되지 않은 상태거나 강압적인 분위기에 휩쓸려 하는 성관계는 후회가 될 수 있어. 서로 동의하에 안전하고 청결한 장소에서 준비된 성관계를 하길!

💬 **소소** / 김선아

첫 경험을 참 상큼하게 다룬 영화가 한 편 있어. 고경표 알지? 고경표!! 고경표가 주연으로 나온 <청춘정담>이라는 영화가 있는데 이 영화를 보면 첫 경험에 대한 밝고 귀여운 느낌이 전달될 거 같아. 강추야. 영화 보면서 연애와 첫 경험에 대해서 한 번씩 생각해 보는 계기가 되길 바라.

💬 **사무청산** / 신동민

첫 성관계는 언제 할 계획이야? 아마도 당황스러운 질문일거야. 나는 너의 첫 관계가 남친을 위해서도 아니고 분위기 때문도 아니고 정말 너를 위해서 하기를 바란단다. 자신의 감정과 둘의 관계가 모두 무르익었을 때, 내가 정말 원하고 준비됐을 때 하자. 남친이 너를 존중하고 너의 준비를 기다리는 과정을 거쳤으면 좋겠어. 성관계는 주는 것도 아니고 받는 것도 아니야. 하는 거야. 첫 관계를 설계하고 준비하고 나의 기준과 계획이 있어야 휘둘리지 않아. 무엇보다 여성으로 태어난 자신을 더 사랑해 주기를 바라. 여자는 이미 좋은 리더의 자질을 가지고 있는 거란다. 넌 사람의 마음을 잘 읽을 수 있고, 공감할 수 있으며, 그 감정을 교류할 수 있어. 놀랍게도 그 능력은 너란 존재가 이 세상에 태어나면서부터 갖게 된 거야. 앞으로의 시대는 과거처럼 물리적인 힘을 자랑하는 시대가 아니란다. 너처럼 감정과 정서를 교류 잘 하는 사람의 시대가 올 거야. 네가 가진 재능을 갈고닦아서 타고난 인간관계 능력을 잘 활용한다면 이 시대의 리더가 될 거야. 너의 가능성이 눈부시게 빛나게 될 날을 기다릴게.

💬 **구름뒤에달** / 이정우

사랑하는 사람이 생겼다는 것이 얼마나 좋은 경험인지 안 해 본 사람은 모를 거야. 그 사람의 모든 행동 하나가 나한테 큰 의미가 되고, 온종일 그 사람 생각에 시간이 가는 줄 모르지. 이런 나의 마음이 들킬까 혹은 마음을 알아봐 주길 조마조마하고 설레. 서로 함께하는 나날은 언제나 즐겁고 세상이 밝게만 느껴져. 마치 온 세상이 나를 응원하는 듯 말이야. 그렇게 깊은 감정을 느끼고 서로를 더 알고 싶은 마음에 사랑을 나누지. 이런 사랑을 하고 겪으면서 많이 배우고 성장하기를 바라. 무엇보다 내 겉모습만이 아니라 몸과 마음도 사랑해 주고 아껴 주는 사람을 볼 수 있는 분별력이 필요해. 앞으로 너희가 멋진 여성이 됐으면 좋겠어. 후배들이 존경하고 따르고 싶은 리더로서 말이야. 리더가 되기 위해서 꼭 남자처럼 할 필요는 없어. '여자처럼' 또는 '여자니까'에서 벗어나 '나'에서 시작하는 것이지. 네가 배우는 즐거움으로 알았으면 좋겠어. 그리고 표현의 자유로움을 만끽하고 나의 존재가 가지는 무게를 느끼고 마땅히 책임과 의무를 다하는 모습. 이 모든 것을 나답게 한다면 이미 너는 세상에 필요한 사람이 되어 있을 거야. 이 책을 읽고 있는 너희들이 서로가 서로를 이끌어 줄 수 있는 리더가 되었으면 해.

💬 호두 / 전성욱

안녕~! 우리 친구들~! 자라면서 쏟아지는 다양한 성의 정보 속에서 그간 궁금한 부분들이 많았을 거라 생각해. 나 역시 학창 시절 내내 내 성기를 더럽다고 생각한 적도 있었고, 생리혈이 묻은 교복 치마를 보며 막막해했던 적도 있었지. 또 한참 야한 상상이 온통 머릿속을 가득 채웠을 때는, 나도 누군가에게 기습 키스를 받아 보고 싶다는 바람으로 성적인 상상의 나래를 펼쳐 보기도 했고, 좋아하는 남자 친구에게 차이지 않고 고백할 수 있는 방법을 여러 방면으로 알아보며 로맨틱한 사랑을 꿈꾸기도 했단다. 이렇게 성은 우리의 일상이고 인생의 과정이어서, 우리 모두가 다양한 형태로 성을 누리고 만들어 가게 된단다. 그 과정에서 우리 친구들이 자신의 성에 대해 당당한 마음으로 건강하게 배우고, 누리기를 바라고, 서로 존중하고 배려하며 공감할 줄 아는 관계를 만들어 가기를 바라. 우리 친구들 모두 존재 자체로도 소중하고, 예쁘단다. 그러니까 스스로를 가장 많이 사랑해 줄 수 있는 친구들이 되었으면 좋겠어. 친구들 모두를 사랑해^^

💬 하얀도화지 / 유지영

초경, 첫사랑, 첫 키스, 첫 성관계… 온통 처음인 것들투성이지~? 처음이라는 것은 두려움과 설렘을 동시에 느끼게 해. 두려움을 없애기 위해서는 나를 잘 아는 것이 중요해. 내 몸이 어떻게 변할지, 내 몸이 뭘 원하는지, 내 마음과 감정이 어떤 말을 하고 있는지… 내 몸과 마음의 소리에 귀 기울여 봐. 그럼 두려움은 사라지고, '두근두근' 설렘 가득한 처음을 맞이할 수 있을 거야. 처음엔 실수를 하기도 해. 괜찮아, 누구에게나 처음은 어려운 거니까. 나를 잘 아는 것은 중요하지만 이기적이어도 된다는 건 아니야. 다른 사람들과 관계를 잘 만들어 가기 위해서는 소통과 배려가 중요하단다. 잊지 마! 당당하고 주체적인 여성으로 성을 누릴 줄 아는 너희가 되길 바라. 너희들의 처음을 응원할게.

💬 아토 / 임신영

우리 삶에서 가족부터 시작해서 친구, 연인, 선후배 관계 등 인간관계가 굉장히 중요하지. 다른 사람에게 좀 더 좋은 인상을 주기 위해서 화장을 하고, 염색을 하고, 예쁜 옷도 입는 등 외모에 신경 쓰잖아. 여러 인간관계 중에 하나라도 삐걱거리면 마음이 불편하고 우울하지. 물론 학업에 대한 스트레스도 만만치 않겠지만. 살아가다 보면 스트레스뿐 아니라 여러 가지 힘든 일들이 생길 텐데 그런 일들을 이겨 내려면 자기 자신을 사랑하고 자신에 대해 긍정적인 이미지를 갖고 있어야 하지. 내 눈, 코, 입, 몸 등 나의 모든 것에 대해. 충분히 예쁘고, 멋있는데 그렇지 않다고 생각하는 친구들을 보면 안타까울 때가 너무 많아. '내가 나를 사랑해야 남도 나를 사랑한다.'는 말 들어 봤니? 내가 나를 사랑하지 않으면 친구도, 연인도 나를 진정으로 사랑하지 않아. 이 세상에서 제일 소중한 사람은 바로 '나'라는 것, 나는 이 세상에 유일한 존재라는 것을 잊지 않았으면 좋겠어. 그래서 네가 정말 좋아하는 것, 진짜 하고 싶은 것이 무엇인지 찾아보고, 그 꿈을 멋지게 펼칠 수 있길 진심으로 바랄게. 그리고 우리들처럼 너희들이 조금이라도 더 즐겁고 행복할 수 있도록 열심히 뛰고 노력하는 사람들이 주위에 많다는 것도 기억해 줘! ^^

💬 레인보우 / 신숙경

하고 싶은 일도 많고, 정말 해 보면 못할 일도 없을 것 같은데 단지 청소년이란 이유로 많은 제약 속에 살아가는 삶이 답답할 때가 많지? 특히 성에 대해 관심을 보이는 행동 자체를 만류하는 주변 어른들의 시선에서 자유롭고 싶을 때라는 걸 알아. 그런 어른들의 시선이 괜한 걱정이라는 걸 알게 해 줄 방법은 너희 스스로가 한 명의 성적 주체로서 당당하게 살아갈 힘이 있다는 걸 보여 주는 것이지. 힘은 그냥 저절로 생기는 게 아냐. 주변 친구들이 뭘 하든 지금 유행하는 것이 무엇이든 아무 생각 없이 따라 하지 말자. 내가 누구인지, 어떻게 살아가야 하는지, 나를 움직이게 하는 성 에너지를 어떻게 써야 가장 나답게 활용할 수 있을지… 늘 공부하고 고민하고 놓치지 않았으면 해. 너희들이 그런 앞날을 펼치는 데에 이 책이 좋은 친구가 되길 바랄게.

💬 풍경소리 / 김애순